读懂

"千万工程"

潘伟光　顾益康　沈　希　编著

推进乡村全面振兴

中国农业出版社

北京

"千村示范、万村整治"工程（即"千万工程"）是习近平同志在浙江工作时亲自谋划、亲自部署、亲自推动的一项重大决策。自 2003 年 6 月启动以来，"千万工程"20 年一张蓝图绘到底，一任接着一任干，持之以恒、锲而不舍、久久为功，让浙江大地发生了天翻地覆的变化，造就了万千美丽乡村，造福了万千农民群众，展现了人和村美共富的新画卷，创造了全省域农业农村现代化的成功经验和实践范例。党的十八大以来，习近平总书记多次批示强调要总结提炼、宣传推广"千万工程"好经验好做法，积极推动美丽中国建设，全面推进乡村振兴，为实现中国式现代化奠定坚实基础。2024 年中央 1 号文件《中共中央　国务院关于学习运用"千村示范、万村整治"工程经验有力有效推进乡村全面振兴的意见》，强调要学习运用"千万工程"蕴含的发展理念、工作方法和推进机制，把推进乡村全面振兴作为新时代新征程"三农"工作的总抓手。

在全国上下学习运用"千万工程"经验、有力有效推进乡村全面振兴之际，作为亲身经历和见证浙江"千万工程"辉煌历史的专家学者，我们有必要、有责任向广大干部群众介绍我们所了解的"千万工程",回答广大干部群众所关心的"千万工程"一些基本知识和基本理论问题,为全国各地干部群众读懂"千万工程"、推进中国式现代化建设提供有益借鉴。

本书的编写,旨在梳理回答"千万工程"是什么、为什么、怎么做等基本问题,主要通过问答的方式,力求清晰阐述浙江"千万工程"生动创新实践背后的精髓要义和蕴含其中的理念方法。全书共分为五个篇章。一是综合篇,介绍"千万工程"伟大蓝图的经济社会背景和发展历程,产生的重要理论成果、实践成果和制度成果以及经验启示等。二是乡村建设篇,以"千万工程"农村人居环境整治为重点,介绍浙江农村人居环境整治"三大革命"和美丽乡村建设的做法经验。三是乡村发展篇,以"千万工程"产业发展为重点,介绍乡村经营、新型农村集体经济、强村公司等经验做法。四是乡村治理篇,以"千万工程"乡村文化与乡村治理为重点,介绍历史文化村落保护与利用、"枫桥经验""三治融合"等好经验好做法。五是典型案例篇,介绍浙江余村、梅林村、李祖村、缪家村等村庄乡村振兴探索实践及所取得的经验。希望通过阅读本书,读者可以深入领会"千万工程"伟大蓝图擘画的深远意义,把握"千万工程"深刻内涵和所蕴含的新时代中国特色社会主义思想的世界观和方法论,坚持好、运用好贯穿其中的立场、观点、方法,进一步领略人民群众建设美好家园的智慧、勇气以及建设中国式现代化的磅礴力量。

在编写过程中,编委会得到了中共浙江省委农村工作领导小组办公室、浙江省农业农村厅等有关领导同志的指导和帮助,也得到浙江大学黄祖辉教授、浙江农林大学沈月琴教授等专家学者的大力支持，陆荣杰、朱仁斌、何允辉、周潮滨等村党组织书记在资料素材提供等方面给予了大力协助。本书编写参考了中央和浙江省相关文件以及有关领导讲话，参阅了相关媒体、杂志的报道资料。在此向以上提及和未具体提及的单位、个人，一并表示衷心感谢！

最后，衷心希望本书的出版能为广大读者带来深刻的启迪和思考，为各地推动乡村全面振兴的现代化新征程提供有益借鉴和参考。让我们携手共进，共同书写中国式农业农村现代化的壮丽篇章！

潘伟光　顾益康　沈　希

2024 年 2 月

目 录

二　乡村建设篇

五 典型案例篇

综
合
篇

1.什么是"千万工程"?

　　"千万工程"是"千村示范、万村整治"工程的简称,是习近平同志在浙江工作时亲自谋划、亲自部署、亲自推动的一项重大决策。"千"与"万"即千个全面小康示范村和万个整治村。2003年6月,针对当时农村人居环境"脏乱散差"等群众反映较大的乡村建设、乡村发展、乡村公共服务滞后等问题,胸怀为全国农村全面建设小康社会探索路子、积累经验、提供示范的使命担当,时任浙江省委书记习近平同志亲自启动这一工程,拟用5年时间从全省近4万个村庄中选择1万个左右的行政村进行全面整治,把其中1000个左右的中心村建设成全面小康示范村。"千万工程"是推进农村全面小康建设的基础工程、加快推进城乡一体化的龙头工程、促进人与自然和谐发展的生态工程、推动为民办实事长效机制的民心工程。20年来,浙江省按照习近平同志指引的目标、路径、方法,不断丰富和深化"千万工程"的内涵,从农村环境整治入手,由点及面、迭代升级,持续努力造就了万千美丽乡村,造福了万千农民群众,创造了推进乡村全面振兴的成功经验和实践范例,探索出了一条加强农村人居环境整治、全面推进乡村振兴、建设美丽中国的科学路径。

| 2. 如何认识推广"千万工程"经验的重大意义？

推广"千万工程"经验具有重大现实意义和深远历史意义。

推广"千万工程"经验是贯彻新发展理念的重大举措。有利于推动"三农"领域完整、准确、全面贯彻新发展理念，加快构建新发展格局，推动高质量发展，正确处理速度和质量、发展和环保、发展和安全等重大关系，完善政策体系和制度机制，切实走产业兴旺、生活富裕、生态宜居的文明发展道路。

推广"千万工程"经验是加快城乡融合发展的有效途径。有利于破除妨碍城乡要素平等交换、双向流动的制度壁垒，推动城市基础设施向农村延伸、公共服务向农村覆盖、资源要素向农村流动，加快形成工农互促、城乡互补、协调发展、共同繁荣的新型工农城乡关系，推动农村基本具备现代生活条件。

推广"千万工程"经验是建设美丽中国的有力行动。有利于持续改善农村人居环境，促进生态农业、低碳农业发展，推动建设美丽乡村，为建设美丽中国奠定坚实基础。

推广"千万工程"经验是扎实推进乡村振兴的必然要求。有利于探索扎实推进乡村振兴的实现路径，优化人力、物力、财力配置，循序渐进建设宜居宜业和美乡村，不断满足农民群众对美好生活的向往。

3."千万工程"实施处于怎样的经济社会背景？

浙江省陆域面积10.55万平方千米，"七山一水二分田"，山水资源丰富，但是是一个资源小省。自改革开放至21世纪初，作为改革开放的先行地之一，浙江省是民营经济很活跃的省份，大众创业、万众创新，靠着"四千"精神（即走遍千山万水、说尽千言万语、想尽千方百计、吃尽千辛万苦）等创新创业精神，实现了20多年经济高速发展，从一个资源小省一跃成为经济大省，经济社会发展和农民收入均在全国前列。2002年，浙江省城镇居民人均可支配收入达11716元，农村居民人均可支配收入为4940元，当时全国农村居民人均纯收入只有2476元。从浙江全面建成小康社会、提前基本实现现代化的要求来看，人民生活总体上已达到小康水平，但达到的还是低水平的、不全面的、发展很不平衡的小康，这种低水平、不全面、不平衡，主要反映在农村。农村环境脏乱差非常突出，农村道路、水电等基础设施落后，农村教育、医疗、卫生、文化等公共事业发展滞后，与农民对美好生活的向往形成了强烈的反差。"垃圾靠风吹、污水靠蒸发"，"室内现代化、室外脏乱差"，"走过一村又一村，村村都是垃圾村，走了几十个垃圾村，才找到一个示范村"。造成这些滞后问题既有城乡二元结构的原因，也有工业化进程中忽视生态环境的生产发展方式的原因，还有长期传统乡村生活方式的原因。

4."千万工程"重大决策是如何产生的？

"千万工程"重大决策源于习近平同志深厚的为民情怀、深刻的洞察以及细致入微的调研工作。习近平同志到浙江工作后不久，用118天时间跑遍11个地市，走村入户，充分掌握省情、农情。一方面，调研了一些好的示范型新农村。2002年12月15日，习近平同志考察了杭州萧山梅林村，作为经济相对发达地区，萧山新农村建设起步较早，2002年，梅林村村民人均年收入9696元，是浙江省农民人均纯收入的两倍。在梅林村调研的习近平同志看到这里村容整洁、规划有序，百姓通过村办企业致富，认为这就是大家可以参考借鉴的新村庄。习近平同志在调研后提出：要建设一批标准化、规范化、全面发展、在全省乃至全国都叫得响的小康示范村镇，为浙江省农村全面建设小康社会，进而实现农业农村现代化提供有益的借鉴和成功的经验。另一方面，调研了普通的村庄。在下基层调研时，习近平同志往往临时改变调研路线，到一个不是县里安排的村庄去看一看。而普通的村庄才代表浙江当时的普遍状况，示范村是少数，多数村子很一般，普通的村子垃圾满地、污水横流。

进一步调研之后，发现当时乡村"五个滞后"问题突出：一是村庄建设规划滞后，缺少规划造成"散小乱"的问题；二是村庄环境建设滞后，面源污染形成"脏乱差"的问题；三是村庄基础设施和服务设施建设滞后，农民生活便利性差，存在农民生活质量不高的问题；四是农村文化建设滞后，存在农民文化生活较为单一的问题；五是农村公共服务供给滞后，农民社会保障弱，社会保险覆盖面窄，存在城乡发展不协调的问题。

为顺应人民群众对美好生活的向往，习近平同志在2003年亲自作出了"千万工程"的决策部署，强调千个示范村的要求是以全面建设小康社会为目标，打造物质文明、政治文明、精神文明协调发展的农村新社区，万个环境整治村主要开展以农村"脏乱散差"为重点的环境整治。

5. 为什么说"千万工程"是习近平同志在浙江工作期间亲自谋划推动的重大决策？

习近平同志到浙江工作后不久，大兴调查研究之风，鲜明提出"三个跑遍"，即当县委书记要跑遍全县各村，当地（市）委书记要跑遍各乡镇，当省委书记要跑遍各县（市、区），开展了大量细致的乡村调研，谋划了"千万工程"。

习近平同志在2003年6月5日全省"千村示范、万村整治"工作会议上要求全省各级党委、政府和领导干部，一定要站在全局和战略的高度，充分认识实施"千万工程"的重要性和紧迫性，坚持不懈地抓好这项惠及全省千百万农民的"德政工程"，努力提高农村社区建设水平，整体推进全省"三农"工作。他还强调指出，作为沿海发达省份，浙江省有条件、有必要、有责任通过实施"千万工程"，为全国农村全面建设小康社会探索路子、积累经验、提供示范。这是全省人民的迫切要求，也是中央对浙江的殷切期望。

习近平同志在这次启动会上亲自部署，指出实施"千万工程"要紧紧围绕"全面建设小康社会、提前基本实现现代化"的总目标，以村庄规划为龙头，以改善农村生产生活条件为重点，加大乡村环境整治力度，加强农业农村基础设施建设，加快发展农村社会事业，努力建设一批"村美、户富、班子强"的全面小康示范村，整体推进农村新社区建设，使全省农村面貌有一个根本性改变。并部署了今后5年实施"千万工程"的目标任务：通过5年的努力，对全省1万个左右的行政村进行环境整治，达到"环境整洁、村貌美化、设施配套、布局合理"的目标，其中1000个左右的中心村建成物质文明、政治文明、精神文明协调发展的全面小康示范村。

习近平同志亲自推动"千万工程"，部署建立"四个一"的推进机制，每年开一次现场会，亲自在现场会上讲话来推动"千万工程"的实施。党的十八大以来，习近平总书记仍然牵挂和关注"千万工程"，多次批示要学习总结推广运用"千万工程"好经验、好做法。

6. 习近平同志在浙江创新建立推动"千万工程"的"四个一"工作机制是什么？

习近平同志亲自制定了"千万工程"目标要求、实施原则、投入办法，创新建立、带头推动"四个一"工作机制。

一是实行"一把手"负总责。明确要求在推进"千万工程"过程中全面落实分级负责责任制，实行"一把手"负总责。始终坚持党政"一把手"亲自抓、分管领导具体抓，一级抓一级，层层抓落实。凡是"千万工程"中的重大问题，特别是制定村镇规划、确定财政预算、研究重大政策时，党政"一把手"都要亲自过问。要健全农村工作联系点制度，市、县主要领导干部都应联系一个村的工程建设，倾听农民呼声，体察农民情绪，关心农民生活，解决建设难题。

二是成立一个"千万工程"工作协调小组。2003年，浙江省委办公厅、省政府办公厅下发《关于成立浙江省"千村示范万村整治"工作协调小组的通知》，成立了浙江省"千村示范、万村整治"工作协调小组，省委副书记任组长，省委常委、常务副省长任副组长，协调小组下设办公室，办公室设在中共浙江省委农村工作领导小组办公室（简称"省农办"），省农办主任兼任办公室主任。成员单位有省农办、省委组织部、省委宣传部（省文明办）、省发展计划委员会、省财政厅、省建设厅、省交通厅、省国土资源厅、省水利厅、省农业厅，省环保局、省林业局等12个单位，2007年增加到17个单位。

三是每年召开一次"千万工程"工作现场会。2004—2006年，习近平同志连续3年出席"千万工程"现场会并发表重要讲话，把"千万工程"作为"一把手"负责工程来抓，率先垂范，以此推动这项全省性人居环境整治工程。现场会组织省、市、县三级党和政府主要领导以及部分基层代表参加，深入研究部署下一步推进的工作重点和主要任务，使"千万工程"不断向广度、深度推进，确保年年都有新任务、年年都上新台阶。

四是定期表彰一批"千万工程"的先进集体和个人。2003年，《浙江省村庄整治建设工作以奖代补考核办法》出台，明确了"千万工程"考核奖励办法。之后，每年现场会通过实地参观考察、交流做法经验、表彰先进典型等形式，形成"一级做给一级看、一级带着一级干"的比学赶超的良好氛围。

7. 怎么理解"千万工程"创造了整省全域推进乡村全面振兴的成功样本？

　　"千万工程"是浙江自2003年以来实施的持续推进乡村建设、乡村发展、乡村治理的农业农村现代化先行的综合性工程，是浙江推进乡村全面振兴的重要路径。浙江从"千村示范、万村整治"引领起步，到"千村精品、万村美丽"深化提升，再到"千村引领、万村振兴"迭代升级，"千万工程"的范围不断拓展、内涵不断丰富，已经成为一项涵盖农村经济、政治、文化、社会、生态文明建设和党的建设在内的系统性工程。"千万工程"持续实施20年来，农业农村发展取得了令人瞩目的成就，浙江已成为全国农业农村现代化进程最快速、乡村产业最兴旺、乡村环境最宜居、农民生活最富裕、城乡发展最协调、基层治理最高效的省份之一，探索出一条加强农村人居环境整治、推进乡村全面振兴、推动美丽中国建设的科学路径。"千万工程"生动诠释和回答了建设什么样的乡村、怎样建设乡村这一历史性课题，也是学习贯彻习近平新时代中国特色社会主义思想、学深悟透习近平总书记关于"三农"工作重要论述的最生动、最鲜活的案例教材。

8. 实施"千万工程"主要经历了哪几个阶段?

实施"千万工程"主要经历三个阶段。

第一阶段是"千村示范、万村整治"阶段（2003—2010年）。这一阶段以村庄环境综合整治为重点，对1万个左右的行政村进行全面整治，把其中1000个左右的中心村建成全面小康示范村，推进村内道路硬化、垃圾收集、村庄绿化、面源污染治理、农房改造、农村公共设施建设，基本完成全省村庄环境整治任务。万千村庄从人居环境整治入手，环境变革触发了生态变革。

第二阶段是"千村精品、万村美丽"阶段（2011—2020年）。这一阶段以美丽乡村建设为重点，推进乡村更加美丽宜居。提出"四美三宜两园"的目标要求，即科学规划布局美、村容整洁环境美、创业增收生活美、乡风文明身心美，宜居、宜业、宜游，建设农民幸福生活的家园、城市居民休闲旅游的乐园，加快美丽乡村从"一处美"向"一片美"，从"一时美"向"持久美"，从"外在美"向"内在美"，从"环境美"向"发展美"，从"风景美"向"风尚美"，从"形态美"向"制度美"转型。

第三阶段是"千村引领，万村振兴"阶段（2021年至今）。这一阶段建设宜居宜业和美乡村，形成"千村向未来、万村奔共富、城乡促融合、全域创和美"生动局面。以农民农村共同富裕为重点，以未来乡村为引领，推动广大乡村实现共富共美。实施县城承载能力提升和深化"千万工程"，加快城乡基础设施互联互通、公共服务优质共享、产业发展融合升级、生产要素双向流动，书写中国式现代化浙江"三农"新篇章。

9. "千万工程"形成了哪些制度政策成果?

浙江20年"千万工程"的实施,也是政策和制度不断巩固、完善和推进实施的过程,从农村人居环境整治到美丽乡村建设,再到未来乡村、和美乡村建设,形成了一整套系统地推进"千万工程"、促进城乡融合发展、加快乡村建设与乡村治理、推动农民农村共同富裕等多方面的政策、体制机制等制度性成果。从工程启动实施、领导组织建立,到建设要求、考核激励、项目资金管理办法、评价标准、每五年行动计划等,形成了可学、可复制、可推广的重要制度政策体系。

2003年发布了《关于实施"千村示范、万村整治"工程的通知》《关于成立浙江省"千村示范万村整治"工作协调小组的通知》《关于明确省"千村示范、万村整治"工作协调小组成员单位工作职责的通知》《关于作好"千村示范、万村整治"工程规划编制工作的通知》。

2005年发布了《关于进一步做好"千村示范、万村整治"工程实施工作的若干意见》。

2006年发布了《关于加快推进"农村环境五整治一提高工程"的实施意见》。

2008年发布了《关于深入实施"千村示范万村整治"工程的意见》《浙江省"千村示范万村整治"工程项目与资金管理办法》。

2009年发布了《关于加快农村住房改造建设的若干意见》。

2010年发布了《浙江省美丽乡村建设行动计划(2011—2015年)》《关于深入开展农村土地综合整治工作 扎实推进社会主义新农村建设的意见》《关于加快培育建设中心村的若干意见》。

2011年发布了《浙江省美丽乡村创建先进县评价办法(试行)》。

2012年发布了《关于深化"千村示范、万村整治"工程、全面推进美丽乡村建设的若干意见》《关于加强历史文化村落保护利用的若干意见》《关于

成立浙江省历史文化村落保护利用工作协调小组的通知》。

2014年发布了《美丽乡村建设规范》《关于深化"千村示范万村整治"工程　扎实推进农村生活污水治理的意见》。

2015年发布了《浙江省美丽乡村建设专项资金管理办法（试行）》《关于进一步加强村庄规划设计和农房设计工作的若干意见》《关于加强农村生活污水治理设施运行维护管理的意见》。

2016年发布了《浙江省深化美丽乡村建设行动计划（2016—2020年）》《关于加强传统村落保护发展的指导意见》《浙江省美丽乡村示范县评价办法（试行）》。

2017年发布了《关于扎实推进农村生活垃圾分类处理工作的意见》。

2018年发布了《浙江省高水平推进农村人居环境提升三年行动方案（2018—2020年）》。

2019年发布了《关于深化"千村示范、万村整治"工程高水平建设新时代美丽乡村的实施意见》。

2021年发布了《浙江省深化"千万工程"建设新时代美丽乡村行动计划（2021—2025年）》《浙江省新时代美丽乡村标杆县评价办法》《关于开展共同富裕新时代美丽乡村示范带培育建设工作的通知》《浙江省共同富裕新时代美丽乡村示范带培育建设工作验收办法（试行）》《浙江省新时代美丽乡村认定办法（试行）》。

2022年发布了《关于开展未来乡村建设的指导意见》《浙江省未来乡村创建成效评价办法（试行）》。

2023年发布了《浙江省县城承载能力提升和深化"千村示范、万村整治"工程实施方案（2023—2027年）》。

10."千万工程"产生了哪些重要实践成果？

一是全面重塑"脏乱差"农村人居环境，造就了万千美丽乡村。坚持"绿水青山就是金山银山"理念，推进农村"垃圾革命、污水革命、厕所革命"，持续提升乡村整体风貌，持续打造新时代"富春山居图"。浙江省90%以上的村庄建成新时代美丽乡村。

二是激活乡村产业发展新动能，强村富民路子越走越宽。2023年，浙江省农村居民人均可支配收入首次突破4万元，连续39年位居各省份之首，全省村集体年经营性收入超过50万元的行政村占54%。乡村旅游、电商、民宿等新兴产业蓬勃发展，乡村美丽经济不断壮大。

三是加速城乡一体融合发展，使浙江走在全国前列。牢牢树立城乡融合发展理念，加快城乡生产要素双向流动，努力实现城乡制度无差别、发展有差异的融合发展、特质发展，"乡村让城市更向往"正成为浙江乡村的生动写照。浙江省城乡公交一体化率达75%，城乡饮水同标率先基本实现，5G、光纤资源实现重点行政村全覆盖。

四是大大提升农民现代化生活品质，惠民暖乡村的路子越走越宽。健全为民办实事长效机制，城乡公共服务优质共享加速实现，城乡水电路气等基础设施一体化加快建设，浙江省"30分钟公共服务圈"基本形成。

五是全面提升善治乡村的治理水平。强化抓党建促乡村振兴，健全村党组织领导的充满活力的村民自治机制，弘扬尊亲睦邻、守望相助、诚信重礼的乡风民风，加强数字赋能乡村治理现代化，"万村善治"浙江品牌进一步打响。

| 11."千万工程"形成了哪些可复制推广的基本经验？

一是始终坚持以人民为中心，不断增加农民群众获得感。自2003年浙江省"千万工程"实施以来，始终坚持以民为本的新发展观和政绩观，把推进农业发展、增加农民收入、促进农村进步作为最重要的政绩，把增进广大农民群众的根本利益作为检验工作的根本标准，努力改善农村生产生活条件，提高农民的生活质量和健康水平，探索农民农村共同富裕道路，不断增强广大农民群众的获得感、幸福感。

二是始终坚持以绿色发展理念引领农村人居环境综合治理。2003年以来，浙江省通过深入学习和广泛宣传教育，让习近平总书记"绿水青山就是金山银山"的理念深入人心，成为推进"千万工程"的自觉行动。把可持续发展、绿色发展理念贯穿于改善农村人居环境的各阶段、各环节、全过程，扎实持续改善农村人居环境，发展绿色产业，为增加农民收入、提升农民群众生活品质奠定基础，为农民建设幸福家园和美丽乡村注入动力。

三是始终坚持高位推动，党政"一把手"亲自抓。习近平同志在浙江工作期间，每年都出席全省"千万工程"工作现场会，明确要求凡是"千万工程"中的重大问题，地方党政"一把手"都要亲自过问。浙江省历届党委和政府坚持农村人居环境整治"一把手"责任制，成立由各级主要负责同志挂帅的领导小组，每年召开一次全省高规格现场推进会，省委、省政府主要领导同志到会部署。全省上下形成了党政"一把手"亲自抓、分管领导直接抓、一级抓一级、层层抓落实的工作推进机制。省委、省政府把农村人居环境整治纳入为群众办实事内容，纳入党政干部绩效考核和末位约谈制度，强化监督考核和奖惩激励。

四是始终坚持因地制宜，分类指导。坚持问题导向、目标导向和效果导向，针对不同发展阶段的主要矛盾、问题，制定针对性解决方案和阶段性工作任务。不照搬城市建设模式，区分不同经济社会发展水平，分区域、分类型、分重点推进，实现改善农村人居环境与地方经济发展水平相适应、协调发展。

五是始终坚持有序改善民生福祉，先易后难。浙江省坚持把良好的生态环境作为最公平的公共产品、最普惠的民生福祉，从解决群众反映最强烈的环境"脏乱差"做起，到改水改厕、村道硬化、污水治理等提升农村生产生活的便利性，到实施绿化亮化、村庄综合治理提升农村形象，到实施产业培育、完善公共服务设施、创建美丽乡村提升农村生活品质，先易后难，逐步延伸。

六是始终坚持系统治理，久久为功。浙江省坚持一张蓝图绘到底，一件事情接着一件事情办，一年接着一年干，充分发挥规划在引领发展、指导建设、配置资源等方面的基础作用，充分体现地方特点、文化特色，融田园风光、人文景观和现代文明于一体。推进"千万工程"注重建管并重，将加强公共基础设施建设和建立长效管护机制同步抓实抓好。坚持硬件与软件建设同步进行，建设与管护同步考虑，实现乡村文明提升与环境整治互促互进。

七是始终坚持真金白银投入，强化要素保障。浙江省建立政府投入引导、农村集体和农民投入相结合、社会力量积极支持的多元化投入机制，省级财政设立专项资金、市级财政配套补助、县级财政纳入年度预算，真金白银投入。积极整合农村水利、农村危房改造、农村环境综合整治等各类资金，下放项目审批、立项权，调动基层政府积极性、主动性。

八是始终坚持党建引领、政府主导，调动农民主体和市场主体力量。浙江省坚持党建引领，调动政府、农民和市场三方面积极性，建立"政府主导、农民主体、部门配合、社会资助、企业参与、市场运作"的建设机制。

12. 为什么说"千万工程"催生了"绿水青山就是金山银山"的重大理论成果？

　　"千万工程"为习近平生态文明思想提供了丰厚的实践土壤。安吉余村是整治村，2005年8月15日，时任浙江省委书记习近平到安吉余村调研时，对村级班子在引导村民开展村庄人居环境整治中，关停严重污染环境、危害农民身心健康的小石矿、小水泥厂，发展生态旅游绿色经济的做法给予高度赞扬，并由感而发点评："一定不要说再想着走老路，还是迷恋着过去的那种发展模式。所以刚才你们讲了下决心停掉一些矿山，这个都是高明之举"，"绿水青山就是金山银山。我们过去讲既要绿水青山，又要金山银山，实际上绿水青山就是金山银山"。9天后，《浙江日报》"之江新语"专栏的《绿水青山也是金山银山》中系统阐述了"绿水青山就是金山银山"的绿色发展新理念，由此成为指导"千万工程"向美丽乡村建设深化，进而推动浙江生态省建设和绿色浙江建设的绿色发展新理念。"绿水青山就是金山银山"这一富有哲理又通俗易懂的理念逐渐成为指导中国生态文明建设和绿色发展的核心理念，这一新发展理念体现了经济发展与环境保护统一论，蕴含了生态优势向经济优势的转化论。

13. 为什么说"千万工程"构建了一个城乡融合促共富新机制?

在实施"千万工程"之初,时任浙江省委书记习近平就提出要用统筹城乡兴"三农"的新思路来推动工程建设,强调在工程建设中必须贯彻以工促农、以城带乡的思想,做到城市基础设施向农村延伸,城市公共服务向农村覆盖,城市现代文明向农村辐射,促进城乡一体化发展。浙江在深入推进工程实施中按照这一基本要求,牢牢把握这一原则和方向,使"千万工程"成为统筹城乡发展、缩小城乡差别、推动城乡一体化发展的龙头工程。浙江美丽乡村建设成效显著,引领长三角地区率先进入新型城市化和逆城市化双向互动的城乡融合发展的新时代。2005年,习近平同志在"千万工程"嘉兴现场会上就明确强调,"千万工程"实施得好的地方不仅有效缩小了城乡差距,促进了城乡融合和城乡关系的和谐,也优化了生态环境,净化了水资源,节约了土地资源,促进了人与自然关系和谐共生。这项工程建设有利于打破农村封闭落后的思想观念,突破城乡分割的发展状况,推动农民分工分业,提升市场化、工业化、城市化水平。多年来,浙江坚持推进城镇化与和美乡村同步建设,为高质量发展建设共同富裕示范区打下坚实基础。

| 14. 为什么说"千万工程"引发了乡村振兴大战略？

2003 年，作为我国经济社会发展先行地区代表的浙江省城乡发展不平衡、乡村发展不充分问题表现突出，集中反映在农村人居环境"脏乱散差"、道路、水电等基础设施落后于城市，教育、医疗、卫生、文化等公共事业发展滞后等方面，面临着先行重塑工农城乡关系的历史性新课题。浙江启动"千万工程"，为全国农村全面建设小康社会探索路子、积累经验、提供示范。党的十九大乡村振兴战略提出是从破解我国城乡发展不平衡的基本矛盾出发，是对建立城乡融合发展的新型工农城乡关系的重要回应。可以说，浙江"千万工程"的目标要求与乡村振兴"产业兴旺、生态宜居、乡风文明、治理有效、生活富裕"的总要求是内在契合的，是全国振兴乡村的重大先行实践工程，创造了推进乡村全面振兴的成功经验和实践范例。如今，浙江省是全国唯一的部省共建乡村振兴示范省，也是赓续"千万工程"、为全面建成小康社会探路的先行实践，浙江今天乡村振兴的领先优势也是源于浙江在全国率先谋划与实践"千万工程"。

15. 为什么说"千万工程"体现了中国式农业农村现代化的新道路？

　　全面建设社会主义现代化国家，最艰巨最繁重的任务仍然在农村。毫无疑问，中国式农业农村现代化是中国式现代化的重要组成内容。"千万工程"基于中国国情特色的伟大实践展现了中国式农业农村现代化的内在逻辑和本质要求。

　　一是"千万工程"体现了乡村人口规模巨大的现代化的内在要求。2003年，浙江省常住人口为4856万人，与韩国全国人口相当。而且当时城镇化率约为53%，乡村人口众多，艰巨性和复杂性前所未有，尤其是长期城乡二元结构对乡村人口现代化形成了重要制约，成为构建新型工农城乡关系的重要障碍。"千万工程"通过根本改善农村的生产生活条件，引导城市基础设施和公共服务向农村延伸覆盖、城市文明向农村辐射，努力缩小城乡差距，为浙江在全国率先开展统筹城乡发展、推动城乡一体化建设、实现公共服务普惠共享打下了坚实基础，使人口众多的乡村实现城乡融合发展的现代化新格局加快形成。

　　二是"千万工程"体现了农民农村共同富裕的现代化的内在要求。"千万工程"把实现广大农民群众对美好生活的向往作为现代化建设的出发点和落脚点，要持续迭代升级、深化"千万工程"，不断丰富拓展乡村建设内容和要求，积极开展人本化、生态化、数字化的未来乡村建设，积极探索富民强村的共同富裕基本单元建设，着力推进农民农村共同富裕，实现低收入农户、山区海岛县与全省同步率先基本实现现代化。

　　三是"千万工程"体现了乡村物质文明和精神文明相协调的现代化的内在要求。2003年，启动"千万工程"1000个示范村的要求就是以全面建设小康社会为目标，打造物质文明、政治文明与精神文明协调发展的农村新社区。在新时代，深化"千万工程"建设中也明确要求在推动乡村物质建设的同时，加强传承中华文明，开展历史文化村落的保护与利用，赓续农耕文明，传承与弘扬乡村社会优秀文化基因、美好品德，促进农耕文明和城市文明交相辉映，加快实现人的全面现代化。

四是"千万工程"体现了人与自然和谐共生的现代化的内在要求。"千万工程"是乡村生态环境建设工程，我国广大农村是生态环境和生态系统建设的主阵地，山水林田湖草沙是有机生命共同体，"千万工程"坚持以"绿水青山就是金山银山"理念为引领，倒逼乡村发展加快向绿色发展方式转型，加快促进乡村走向产业兴旺、生活富裕、生态宜居的可持续发展的新道路。

五是"千万工程"体现了为世界提供中国式乡村现代化样本的内在要求。"千万工程"乡村现代化方式不同于美、日、韩等国的农村现代化，开创了中国式乡村现代化的新路子，已赢得了世界赞誉，获得了联合国"地球卫士奖"。"千万工程"也向世界提供了农业农村现代化与工业化、城镇化同步推进的经验模式，为发展中国家提供可借鉴的中国特色社会主义乡村振兴道路，是中国式乡村建设、乡村发展、乡村治理的"重要窗口"。

16. 为什么说"千万工程"蕴含习近平新时代中国特色社会主义思想的世界观和方法论？

浙江"千万工程"20年的伟大实践和显著成效就是习近平新时代中国特色社会主义思想在"三农"领域的生动范例，展现了马克思主义中国化时代化"三农"新篇章，也是习近平新时代中国特色社会主义思想的世界观、方法论的重要体现。

一是体现"坚持人民至上"。坚持人民至上是坚持全心全意为人民服务的党的宗旨的重要表现。"千万工程"贯穿了人民至上的发展理念，真正站在广大农民群众的立场，维护发展好广大农民群众的利益，积极顺应人民对美好生活的要求，以人为本，发展为了人民，发展依靠人民，把不断增进广大农民群众的民生福祉作为"三农"工作的立足点和根本归宿。

二是体现"坚持自信自立"。"千万工程"是我国乡村发展的重大变革，创新打破城乡二元分割的体制机制，改变"农业是弱质产业、农民是弱势群体、农村是落后社区"的状况，彰显了中国式农业农村现代化的道路自信、理论自信、制度自信、文化自信。

三是体现"坚持守正创新"。20年的"千万工程"注重把中央的精神与浙江的实际结合起来，把创新性的战略思路转化为具体工作载体，把基层群众创造的创新经验提炼为指导面上工作的思路和方法，不因循守旧、故步自封，持续深化"千万工程"的内涵和建设内容，不断拓展"三农"工作思路，积极探索一条具有中国特色、时代特征、浙江特点的与时俱进的"三农"科学发展之路。

四是体现"坚持问题导向"。"千万工程"是源于农村环境"脏乱散差"的表层问题，又在深化和拓展深层次问题的解决。浙江联动推进深化户籍制度改革、社会保障制度改革、农村税费改革、农村卫生体制改革等城乡一体化体制机制改革，解决乡村现代化发展的根本性制度性障碍，不断解放和发展生产力，形成了以人居环境整治为突破口引发的乡村现代化发展的大格局。

五是体现"坚持系统观念"。"千万工程"始终坚持把农村和城市作为一个有机统一的整体系统考虑、统筹协调，把改善村容村貌与发展生产结合起来，把村庄规划建设与农村基础设施建设、社会事业建设、公共服务体系建设结合起来，把物质建设与精神文明建设相结合，坚持典型引路，以点带面，从面上引向深入；坚持以系统思维推进"千万工程"深入实施，形成目标体系、工作体系、政策体系和考核评价体系的高质量发展。

六是体现"坚持胸怀天下"。"千万工程"立足国情、放眼世界，遵循世界乡村发展的客观规律，率先在全国走出一条以城带乡、以工促农、城乡一体化发展的路子。20年的实践充分证明，"千万工程"不仅为全国创造了鲜活经验，也为人类可持续发展和世界各国更好处理工农关系、城乡关系提供了新的选择。

| 17. 为什么说"千万工程"在持续迭代升级？

　　2005年，习近平同志在"千万工程"嘉兴现场会讲话时就强调要建立健全体现群众愿望、时代特征、与时俱进要求的建设扩容机制，不断拓展工程建设的内涵与外延。20年来，"千万工程"内涵和外延在不断拓展与深化，从2003年的建设千个小康示范村、万个整治村，到2010年浙江实施《浙江省美丽乡村建设行动计划（2011—2015年）》提出"四美三宜两园"的目标要求，到2016年开始实施《浙江省深化美丽乡村建设行动计划（2016—2020年）》，到2017年浙江省提出"创建千个乡村振兴精品村、万个美丽乡村景区村"的新目标，到2021年制定《浙江省深化"千万工程"建设新时代美丽乡村行动计划（2021—2025年）》，再到2023年提出"千村引领、万村振兴、全域共富、城乡和美"，整个发展过程不因循守旧、不故步自封，坚持守正创新、持续迭代升级，不断丰富"千万工程"的内涵、外延，持续推动"千万工程"再出发、再深化、再提升，为实现中国式现代化奠定坚实基础。

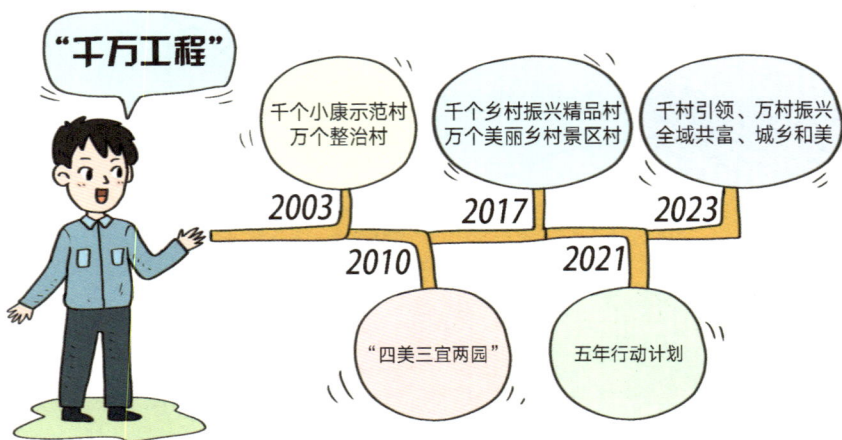

18. 什么是"千村引领、万村振兴、全域共富、城乡和美"?

2023年6月，浙江省委提出"千村引领、万村振兴、全域共富、城乡和美"的建设目标。"千村引领"就是在全省选树建成1000个左右景美人和业兴共富的先行示范村。"万村振兴"就是全面推进乡村产业、人才、文化、生态、组织五个振兴，形成全省1.97万余个行政村比学赶超、争先创优、千帆竞发、万马奔腾的生动局面。"全域共富"就是以高质量发展建设共同富裕示范区为引领，以缩小收入差距、城乡差距、地区差距为目标，大力推进强村富民乡村集成改革，全方位促进农民农村共同富裕。"城乡和美"就是坚持新型城镇化战略和乡村振兴战略双轮驱动，坚持农村物质文明和精神文明相协调，加快破除城乡二元结构，全面构建城乡居民幸福共同体。

19. 为什么"千万工程"要坚持一张蓝图绘到底、久久为功？

"千万工程"是习近平同志在浙江工作时亲自谋划、亲自部署、亲自推动的一项重大决策，擘画了省域农业农村现代化先行的大蓝图，从一开始就强调要把"千万工程"作为推动农村全面小康建设的基础工程、统筹城乡发展的龙头工程、优化农村环境的生态工程、造福农民群众的民心工程。这一蓝图从整治农村人居环境入手，着力改善农村生产、生活、生态环境，着力破解中国"三农"的历史性难题以及环境、资源、生态这一发展中国家迈向现代化的短板和瓶颈。浙江"千万工程"20年持续奋斗，一任接着一任干，每5年一个行动计划，每个重要阶段一个实施意见，每年一次现场会推进，久久为功，"千万工程"贯穿了过去、现在和未来。"千万工程"实施的20年，是浙江农业发展最快、农村变化最大、农民得到实惠最多的时期。"千万工程"实施的20年，展现了浙江村美人和共富的时代新画卷，展现了乡村全面振兴的科学路径和美好前景。

20. 如何理解"千万工程"中党委和政府、农民、社会等各方协同作用？

推进"千万工程"既是政府的责任，也是农民自己的事情，社会各界都有参与建设的责任，必须通过建立一套由党委和政府主导，农民主体和社会参与的有效机制来推进工程建设。

"千万工程"是大民生工程，靠一家一户、靠一村一镇、靠一个部门的力量解决不了，必须由党委、政府牵头。各级党委、政府是"千万工程"的领导者、发动者和指挥者，要加强协调、精心组织、周密部署，认真做好规划制定、政策扶持、宣传发动和思想引导工作。要按照统筹城乡发展的要求，千方百计加大财政支持的力度，加快建立以政府投入为引导、农民和集体投入为主体、社会力量多方支持的多渠道、多层次、多元化的投资机制。

农民是"千万工程"的建设者和受益者，必须充分尊重农民的意愿，村庄整治的规划和建设方案都应经过村民讨论，民主决策，切实防止刮风，切忌强迫命令。要充分调动农村基层干部和广大农民群众的积极性和创造性，引导千百万农民为建设自己的美好家园和幸福生活而努力，使实施"千万工程"成为广大农民的自觉行动。

社会力量参与"千万工程"建设，也是工业反哺农业、城市带动农村的有效形式。要切实动员社会各方力量更加积极主动地参与到工程建设中来。要引导企业家特别是民营企业家富而思进、回报农村、建设家乡，通过捐资、投资、担任建设顾问等多种形式参与村庄整治等建设工作。要调动城市文明社区、文明单位共同参与建设的积极性，发挥各类高校、科研院所的科研和人才优势，形成全社会合力共建的良好局面。

21. 学习运用"千万工程"经验为什么强调因地制宜、分类指导？

我国山区、平原、丘陵、海岛，万千乡村千差万别，建设宜居宜业和美乡村一定要坚持因地制宜，分类指导，形成各具特色的村庄建设新格局。浙江实施"千万工程"，就强调各地区自然差异和经济差异较大，实施不能搞"一刀切"，不能盲目崇洋、崇大、崇快，违背民意，劳民伤财，不能盲目照抄照搬，千篇一律、毫无特色。要因地制宜，量力而行，分类指导，多层次地开展建设。经济发达地区和城市郊区，要以中心村建设为重点，高起点规划，高水平建设，高层次推进。平原、丘陵、山区、海岛等地区，要根据各自的区位优势和经济条件，充分发挥各方面积极性和创造力，着力体现区域特点和地方特色，积极探索不同风格、不同特色的建设模式。要正确处理经济发展与村庄建设的关系，树立经营村庄的新理念，把发展特色农业、特色工业、特色观光休闲业与建设特色村庄结合起来，把农村特色经济、绿色产业发展提高到一个新水平。要正确处理保护历史文化与村庄建设的关系，对有价值的古村落、古民居和山水风光进行保护、整治和科学合理地开发利用，切实保护好名人故居、古代建筑和历史文化遗迹，做到传承历史文化与融入现代文明的有机统一。

22. 学习运用"千万工程"经验为什么要强调坚持问题导向？

　　坚持问题导向是运用好"千万工程"所蕴含的新时代中国特色社会主义思想的世界观和方法论的重要体现。问题是时代的声音，在浙江工作期间，习近平同志就鲜明提出"问题就是时代的口号"，强调有什么问题就解决什么问题，什么问题突出就重点解决什么问题，什么问题能解决的就抓紧解决什么问题。"千万工程"本身就是由农村环境"脏乱散差"问题倒逼而产生的重大决策工程，又在不断解决现实问题中持续深化和拓展。针对城乡分割二元结构的深层次问题，推动深化户籍管理制度改革、社会保障制度改革、农村税费改革、农村卫生体制改革、农村教育体制改革等一系列重大改革；针对"千万工程"实施过程中可能出现的"一刀切"、简单化，强调"千万工程"要因地制宜、分类指导，不能盲目照抄照搬、千篇一律、毫无特色。在和美乡村建设中，一定要以问题为导向，解决好人民群众急难愁盼问题，不断提出真正解决问题的新思路、新举措、新方法。

坚持问题导向

| 23. 什么是未来乡村？

　　建设未来乡村是浙江省持续深化"千万工程"、打造共同富裕现代化乡村基本单元的重要创新举措。2022年，浙江省人民政府办公厅出台《关于开展未来乡村建设的指导意见》，对未来乡村建设进行全面部署。从2022年开始，全省每年建设200个以上未来乡村。到2025年，全省建设1000个以上未来乡村。未来乡村以党建为统领，以人本化、生态化、数字化为建设方向，以原乡人、归乡人、新乡人为建设主体，以造场景、造邻里、造产业为建设途径，以有人来、有活干、有钱赚为建设定位，以乡土味、乡亲味、乡愁味为建设特色，打造未来产业、风貌、文化、邻里、健康、低碳、交通、智慧、治理等场景，集成"美丽乡村＋数字乡村＋共富乡村＋人文乡村＋善治乡村"建设，着力构建引领数字生活体验、呈现未来元素、彰显江南韵味的乡村新社区。

| 24. 如何推进数字乡村引领区建设？

　　2023年，中央网络安全和信息化委员会办公室、农业农村部和浙江省人民政府正式签署共建数字乡村引领区合作备忘录，支持浙江建设数字乡村引领区，这是全国唯一的数字乡村引领区。作为数字经济先发地，浙江数字乡村建设起步早、基础实，早在2003年就作出了"数字浙江"建设的决策部署，近年以数字化改革引领推动数字乡村建设取得重要领先成果。2022年，浙江省农业农村数字化发展水平达68.3%，远高于2021年全国数字乡村发展水平（39.1%），连续4年位居全国首位，全省农产品网络零售额达1238.9亿元，网络零售额超千万元的电商专业村达2400多个。此次建设数字乡村引领区，明确"五个高地"的建设目标，即农业农村数字化改革变革高地、乡村产业数字赋能创新高地、乡村数字服务实践高地、乡村网络文化活力高地、乡村整体智治引领高地，并实施农业农村数字化改革、乡村产业数字化增效、乡村数字服务提质、乡村网络文化振兴、乡村"四治融合"推进、乡村数字基础提升等六大行动。计划到2027年，建成数字农业工厂1000家、未来农场100家、和美乡村示范村1000个，农产品网络零售额达到1800亿元。

| 25."千万工程"为什么能获得联合国奖项?

　　2018年9月,浙江省"千村示范、万村整治"工程荣获联合国最高环保荣誉——"地球卫士奖"中的"激励与行动奖",意味着浙江推进生态文明建设的努力和成效得到国际社会认可。联合国对浙江"千万工程"给予高度评价和赞赏,认为这一极度成功的生态恢复项目表明,让环境保护与经济发展同行,将产生变革性力量。联合国前副秘书长埃里克·索尔海姆曾称赞道,在浙江农村,他看到了未来中国甚至世界的模样,"千万工程"较好地处理了环境治理与发展的关系、政府引导与公众参与的关系,值得世界各地借鉴、共享。

·乡村建设篇·

| 26. 为什么乡村建设要规划先行？

　　科学规划是乡村建设的龙头，决定着乡村发展的方向和建设的水准。2006 年，习近平同志在“千万工程”台州现场会上强调，要按照规划总领和统筹城乡发展的思路，对推进新型城市化和建设新农村进行统筹安排，对城市发展建设规划与新农村建设规划进行统筹考虑。要根据城市化提高的水平和城乡人口变动、产业集聚发展的趋势，确定中心城市、中心镇、中心村发展的数量、规模和选点，对县域村镇建设规划作出总体布局。特别是要对县域内所有的村庄进行分类规划，确定重点扩容的中心村、就地整治村和异地迁移村。同时，通盘抓好县域总体规划、产业发展规划、土地利用规划、镇村布局规划和村庄建设规划之间的有机衔接，交通、水利等基础设施建设规划和公共服务体系建设规划也要与镇村布局建设规划相互配套，提高投资效益和服务的共享性。还要注重提高单个村庄整治建设规划的水平，体现资源节约型、环境友好型和城乡融合型的农村新社区的建设要求。规划设计人员要深入农村搞设计，充分听取农民意见，充分体现每个村庄的区域特点、产业特色和文化特征，规划设计出一批各具特色魅力的精品村庄。

| 27. 浙江如何在省域、县域、村庄层面进行规划设计？

在省域层面，浙江省迭代升级美丽乡村行动计划，顶层设计、谋划打造现代版"富春山居图"，让美丽乡村成为大花园的标志、美丽浙江的底色。全面构建新时代美丽乡村大花园"五朵金花、百线风景、千颗明珠、万村达标"空间布局，差异化培育海洋风情、生态绿谷、钱江山水、江南水乡、和美金衢等东南西北中"五朵金花"组团。在县域层面，完善县域美丽乡村建设规划和精品村、风景线规划，优化乡村建设规划，合理确定县域村庄布局和规模，加强空间布局规划、土地利用规划、基础设施建设规划等规划之间的衔接，与"十四五"农业农村现代化规划有效衔接，同时统筹规划农业产业、农业园区规划与村庄布局规划。在村庄层面，明确集聚提升村、特色保护村、搬迁撤并村、一般行政村等村庄发展类型，加快"多规合一"实用性村庄规划编制和修编，合理确定村庄公共空间、产业发展空间、基础设施配套、新建农房区块等布局，严格落实村庄规划落地。为确保村庄规划的规范性和系统性，浙江省出台了一系列指导文件进行指导和管控，包括印发《浙江省村庄规划编制导则（试行）》（2003年）、《浙江省村庄整治规划编制内容和深度的指导意见》（2007年）、《浙江省村庄规划编制导则》（2015年）、《浙江省村庄设计导则》（2015年）等文件，逐步健全了以县域美丽乡村建设规划为龙头，村庄布局规划、中心村建设规划、农村土地综合整治规划、历史文化村落保护利用规划为基础的"1+4"县域美丽乡村建设规划体系。

| 28. 浙江农村人居环境整治的重要原则有哪些?

第一,坚持政府引导、农民自愿、因地制宜。农村人居环境治理是一项系统工程,由各级党委、政府牵头,各部门广泛参与,统筹规划、整体行动。充分调动农村基层干部和广大农民群众的积极性和创造性,引导千百万农民为建设自己的美好家园和幸福生活而努力,使实施农村人居环境治理成为广大农民的自觉行动;必须充分尊重农民的意愿,村庄整治的规划和建设方案都应经过村民讨论、民主决策,做到量力而行,切实防止"刮风",切忌强迫命令;坚持因地制宜、分类指导,多层次地推进环境治理、村庄整理、旧村改造、新村建设和特色村建设等工作。

第二,坚持保护生态、协调发展。村庄整治坚持可持续发展,高度重视生态环境的保护,合理开发和集约利用土地,实行田、林、路、河、住房、供水、排污等综合治理;注意保护古树名木、名人故居、古建筑、古村落等历史文化遗迹;把人居环境治理与土地整理结合起来,集约利用土地;把人居环境治理与产业园区建设、产业开发等结合起来,改善投资环境,培育新的经济增长点;坚持配套建设、整体推进,围绕村庄整治和环境建设,发挥集成优势,整体推进农业和农村基础设施建设,提高设施的共享性和综合效益。

第三,坚持以民为本、整体推进。把增进广大农民群众的物质利益、政治利益、文化利益作为工作的出发点和落脚点,努力改善农村生产生活条件,提高农民的生活质量和健康水平;围绕人的全面发展,坚持物质文明、精神文明协调发展,不断提高农村社区治安、卫生、文体、教育、老年服务的水平;坚持生产与生活条件同步改善、建设与管理同步推进,完善村庄管理制度等村规民约;加强农村民主法制建设,不断创新基层民主形式,扩大和发展农村基层民主,完善村党组织领导下的村民自治。

第四,坚持各方支持、密切协作。按照统筹城乡发展的要求,以城带乡，以工促农，加快工业化和城市化进程，不断增强城市对农村的带动作用和农村对城市的促进作用，各级财政特别是县级财政尽力加大农村建设投入的力度；各级各部门积极组织和引导社会各界和农村先富起来的群体支持、参与村庄整治，建立集体和农民自筹为主、政府补助为辅、社会各方力量支持的多渠道、多层次、多元化的投资机制，形成城市与农村相互促进、农业与工业整体联动、经济与社会协调发展、人与自然和谐共处的新格局。

29. 浙江农村人居环境整治"三大革命"取得哪些重要实践成果？

　　浙江全域推进农村生活垃圾、厕所、污水"三大革命"，农村人居环境深刻重塑，农村人居环境质量居全国首位。

　　生活垃圾实现全域分类。农村生活垃圾基本实现"零增长"和"零填埋"，在全国较早实现覆盖全域的农村生活垃圾集中收集处理体系。2022年底，浙江省建成农村生活垃圾资源化处理站点1217个，回收利用率为63%，资源化利用率、垃圾分类行政村覆盖面、无害化处理率均达100%。

　　生活污水治理全域推进。开展农村污水处理工程建设，实施雨污分流、截污纳管，厕所、厨房和洗涤污水接入村污水处理终端；有条件的村庄接入城镇污水管网，暂不具备条件的村庄实行就地达标消纳。2018年底，规划保留村生活污水治理覆盖率达100%。2022年底，浙江省完成47511个农村生活污水处理设施标准化运维，实现日处理能力20吨以上农村生活污水处理设施运行维护全覆盖。

　　"厕所革命"实现全面覆盖。按照全面消除露天粪坑和简陋厕所的要求，从2003年起以每年2000个村50万户左右的力度推进农村改厕，全面推广无害化卫生厕所。2022年底，农村无害化卫生厕所普及率超过99%。浙江省在全国率先开展农村公厕服务大提升行动，规范农村公厕建设，提升软硬件设施，推广公厕"所长制"，提高标准化运维水平。2022年底，浙江省共有标准化农村公厕6.7万座，平均每个行政村3座。

| 30. 为什么农村要实施垃圾分类？

首先，农村垃圾分类对农村人居环境的改善有着巨大的推动作用。以往农村的垃圾处理往往采用露天堆放、简单填埋、直接焚烧等简单方式，容易产生环境污染问题。采用太阳能堆肥、卫生填埋或焚烧发电等现代科技手段和现代管理运营模式对农村垃圾进行科学化、无害化处理，能够显著提升农村生态环境质量。

其次，农村垃圾就地分类能降低垃圾处理的成本。农民居住相对分散，生活垃圾分布也较为分散，还比城市垃圾增加了农作物秸秆、化肥农药包装物等农业生产废弃物。完全采用类似城市的全收、全转运、全处理的模式处理农村垃圾，其成本将是城市数倍。农村拥有广阔的就地处理场地，消纳途径多，而且农村是熟人社会，便于管理和监督。因此，在农村开展垃圾分类，不仅能从源头上进行资源化回收，对有机垃圾进行就地堆肥利用创造增值，而且能通过减少转运的垃圾量降低运作成本。

最后，"垃圾革命"是一项顺应民意的民心工程。通过一轮轮不断深化的"千万工程"，浙江垃圾治理从集中、无害化处理到分类化、资源化处置的过程使农村人居环境发生了根本上的改变，大幅提高了人民群众的生态获得感和生活幸福感。

31. 为什么说"二次四分"的垃圾分类方法最接地气？

在积极推进农村生活垃圾分类和资源化利用过程中，2014年浙江金华市探索出"二次四分"的垃圾分类方法、"垃圾不落地"的转运方法、"阳光堆肥房"就地资源化利用方法以及动员群众、依靠群众的工作方法，走出一条"农民可接受、财力可承受、面上可推广、长期可持续"的农村垃圾分类新路子。这些成果也得到了中央政府的充分肯定，2016年，住房和城乡建设部颁发《关于推广金华市农村生活垃圾分类和资源化利用经验的通知》，要求各地认真学习借鉴金华经验。其中，金华市首创的"二次四分"的垃圾分类方法简单好记，老人和小孩都能方便操作，被称为"史上最接地气"的垃圾分类方法。

"二次四分"法就是农户把垃圾按"会烂"和"不会烂"进行分类，再将"不会烂"的垃圾按照"好卖""不好卖"的标准进行二次分类。在具体操作中，村保洁员在农户分类基础上，让"会烂"的垃圾进阳光堆肥房发酵堆肥，"好卖"的垃圾回收处理，"不好卖"的垃圾则进入垃圾填埋场、焚烧厂处理，有毒有害的垃圾进行特殊处理。

| 32. 浙江推进农村生活垃圾分类有哪些规章制度?

近年来,浙江省先后出台《关于开展农村垃圾减量化资源化处理试点的通知》(浙村整建办〔2014〕17号)、《浙江省农村垃圾减量化资源化试点项目实施指南》(浙村整建办〔2016〕13号)、《浙江省农村垃圾减量化资源化试点村项目竣工验收管理办法(试行)》(浙村整建办〔2016〕16号)、《浙江省农村垃圾减量化资源化主体设施建设规范建设要求》(浙村整建办〔2016〕36号)、《关于扎实推进农村生活垃圾分类处理工作的意见》(浙委办发〔2017〕68号)、《浙江省农村生活垃圾分类处理工作"三步走"实施方案》(浙村整建办〔2018〕5号)等文件,规范、提升农村垃圾分类工作。同时,制定了技术标准对垃圾分类进行全面管控。2018年,浙江省发布我国首个以农村生活垃圾分类处理为主要内容的省级标准《农村生活垃圾分类管理规范》(DB33/T 2030—2018),这意味着浙江省农村生活垃圾分类由粗分向精分迈进,原有的集中收集有效处理体系向分类投放、收集、运输、处理体系转变。

| 33. 农村生活污水处理模式有哪些？

农村生活污水处理模式主要有五种：

一是纳厂处理模式。就是将村内所有或符合纳管条件的农户所排污水统一纳管收集后，接入市政污水管道进入城镇污水厂，经达标处理后排放。该模式适用于距离城市或城镇较近、经济基础良好、具备生活污水处理由分散处理向集中处理转变条件的纳厂地区。

二是纳厂自建集中污水处理终端模式。即村庄自建村域污水收集管道，将农户日常生活污水统一接入管道系统汇入自建终端集中处理。该模式适用于集中化程度高、具有良好的管网收集条件但距离市政管网较远的中心村、集居区或者人口较多的自然村。

三是村域自建区域型处理模式。即根据村庄地形地势及村内农户分布情况，将满足管道接入、污水集中收集的区域，单个或多个聚集区，通过建设村域内局部管道收集系统，将满足接入条件的农户污水纳入管道汇入终端进行集中处理。

四是村域自建联户型处理模式。即根据村庄地形地势、布局情况进行合理设计，将村庄不能大规模集中收集处理的区域，分区分片进行小规模收集，就近建设中小型污水处理设施，每个片区污水进行单独处理、单独排放。

五是自建分户型处理模式。即对因地形地势或其他原有污水不能集中纳厂处理的村庄农户，单一配置污水处理终端（如小型人工湿地等生态处理系统）。

处理模式的选择应综合考虑村庄农户实际，采取差异化的治理方式。

| 34. 浙江"厕所革命"的历程是怎样的?

浙江省"厕所革命"可分为三个阶段:

一是开局阶段(2003—2013年):卫生洁化。2003年"千万工程"伊始,浙江省就紧紧盯住改厕、改水、改路、垃圾收集等直接影响农民群众生活品质的"关键小事",要求1000个示范村要全面消除露天粪坑和简陋厕所,村内要建有公厕,农户卫生厕所普及率要达到100%,1万个整治村农户卫生厕所要覆盖全村80%以上的农户。2011年,在推动美丽乡村建设、深化"千万工程"过程中,浙江省以"改路、改水、改厕、垃圾处理、污水治理、村庄绿化"六大项目为抓手。2014年,浙江省将包括厕所污水等生活污水治理纳入"五水共治"工作。2014年底,全省无害化卫生厕所普及率达到86.48%。

二是专项阶段(2014—2017年):户厕和公厕两手抓。从2014年开始,浙江省开展农村生活污水治理三年攻坚,同步实施农村卫生改厕扩面提升。2015年,浙江省出台《关于全面推进农村改厕工作的通知》,把农村改厕工作列入党委和政府工作的目标任务,此阶段具体工作目标和任务基于农村户厕、农村公厕两个类别展开。户厕方面,要求加快农村无害化卫生厕所建设进程,将农村改厕与农村生活污水处理、环境整治结合起来,统一规划,整体推进;要求落实好新建住房无害化卫生厕所建设工作,确保卫生户厕与住房同时设计、同步施工;要求将户厕改造列入农村生活污水治理工程,确保农户粪水接入污水处理管网。公厕方面,发布《浙江省旅游厕所建设管理三年行动计划(2015—2017年)》,以"厕所革命"为突破口提升旅游产业服务质量,努力补齐这块影响群众生活品质的短板。

三是深化阶段(2018年至今):品质提升。2018年,浙江省连续出台了《浙江省农村公厕建设改造和管理服务规范》《浙江省农村公厕改造工作实施方案》,让"厕所革命"有制度可依、有标准可循。浙江省委、省政府还结合广大农村公厕建设标准落伍、外观形态单一、人性化功能缺乏、长效管理不到位等实际情况，决定对全省5万座农村公厕进行改造提升，并将这一工作纳入2018年浙江省政府十方面民生实事之一。2020年，浙江省印发《浙江省全面推进农村公厕服务大提升行动方案》，进一步对"厕所革命"进行了细化部署，大力推动农村公厕建设改造与管理服务提升，切实解决一些地方存在的农村公厕脏、乱、差、少、偏等突出短板，实现全省农村公厕布局科学、数量合理、质量提升、管理规范、服务优化、群众满意。

35. 浙江如何持续完善农村公厕运维管护机制？

一是建立长效管护机制。编制《浙江省农村公厕运行维护技术导则》，推动各地因地制宜建立农村公厕运维管护机制。充分发挥村级组织和农民主体作用，鼓励采取政府购买服务等方式，建立政府引导与市场运作相结合的管护机制，建立有制度、有标准、有队伍、有经费、有督查的长效管护机制。二是探索市场化运作方法。积极探索个性化、市场化、社会化的建设管理机制，创新推广企业冠名赞助等"以商建厕、以商养厕、以商管厕"模式，引进专业公司和社会团体参与建设管理，提高农村公厕管理水平。三是创新智慧管理手段。加强互联网、物联网技术应用，探索推动全省农村公厕电子一张图，逐步实现寻厕一键搜索、精准导航。探索农村公厕显示蹲位数量和意见反馈等功能的大数据平台，完善公厕档案。探索实施"农村厕所开放联盟"，倡导村办公大楼、驻村企事业单位通过捐赠厕所、共享厕所、"认养"厕所等方式，向社会免费开放厕所。

| 36. 美丽景区村庄建设是怎么部署推进的?

2017年,浙江省第十四次党代会提出万村景区化目标,旨在通过5年努力,到2021年底,全省共建成1万个景区村庄,其中3A级景区村庄1000个。万村景区化是浙江大花园战略的重要组成部分,是以全域旅游的思路与模式推动美丽乡村建设成果从"环境美"向"发展美"转型,从美丽乡村的诗画景色向美丽经济的富民目的转变,探索以文化和旅游发展激活乡村发展动能、引领乡村振兴的新路径。为规范万村景区化创建工作,浙江省出台《浙江省A级景区村庄服务与管理指南》与对应的实施细则,从概念范畴、核心吸引力与服务管理方面进行规范引导。明确A级景区村庄是指以村庄、社区及其村民或居民生产、生活范围为核心,以自然景观、田园风光、建筑风貌、历史遗存、民俗文化、体验活动、特色产品为主要吸引力,具有一定的公共服务设施及旅游配套服务的区域,并从基本条件、旅游交通、环境卫生、基础设施与服务、特色项目与活动、综合管理6个方面对A级景区的创建工作加以引导。

2020年底,全省已建成A级景区村庄10083个,其中3A级景区村庄1597个,提前1年完成万村景区化5年任务目标。2022年,浙江省又启动景区村庄2.0版工作,《浙江省景区村庄建设与服务管理指南2.0版(试行)》聚焦全面乡村振兴和共同富裕,坚持生态化、产业化、共享化、国际化导向,依托乡村丰富的自然与人文资源,将美丽环境转变为美丽经济,将生态优势转化为产业优势,将资源禀赋转化为发展财富,促进生态、生产、生活融合,突出乡村烟火气和乡愁体验,实现文化和旅游富村强村、惠民安民,到2025年,争取推出300家左右金3A景区村庄,打造中国乡村景区化的"重要窗口",营造百姓和游客心中的"精神原乡"。

| 37. 什么是美丽乡村建设的"十不十宜"？

为明确美丽乡村建设导向，规范美丽乡村规划设计建设管理，避免出现破坏乡村风貌、偏离乡村主题的负面现象，2018年，杭州市余杭区发布美丽乡村建设"十不十宜"管理规定。

一是不随意砍树、填占水域，宜保护自然生态，保留乡村风貌。

二是不允许使用大理石、镜面石材、艳色材料及其他昂贵建材用作铺装或建筑物构件，宜凸显乡情，选材、用材应与农村风貌吻合。

三是不允许使用原色不锈钢、PVC塑料等与农村风貌不符的材质用作栏杆或建筑构件，宜材质协调，建筑材料的色彩、材质应与建筑物风格相协调。

四是不得建设大面积硬化场地和非生态型停车场，不得单纯向城市化看齐，宜合理布局公共活动场地。

五是不种植胸径超过20厘米的大规格树木和不易养护的花草，宜种植本土树种、乔木、果树和多年生花草、爬藤类绿化，减轻养护成本。

六是不得新建高度超过1米的非功能性实体围墙，宜采用通透式围墙，倡导矮墙、绿篱。

七是不得对河道（池塘）、山坡作非生态驳坎或硬化，宜自然护坡，生态通透。

八是不得未批先建，宜遵循规划，合法建设。

九是不得过度使用墙绘和乱写乱挂标语口号，宜色彩协调，恰到好处。

十是不得进行不切实际的大拆大建和过度人为造景，宜布局有道，实用实效，保留乡村肌理。

38. 什么是"围墙革命"？

浙江深入推进美丽庭院创建，一些地方率先开展了"围墙革命"，对居民全封闭高围墙进行拆除或降高透绿，实现美化绿化。通过这一举措，农村民居原本水泥高墙林立、相互封闭、错落不齐的围墙不见了，取而代之的是整齐敞亮的农居环境和一个个精致的美丽庭院，大大提升了整个村庄"颜值"。这是打开村庄空间、重塑乡村韵味、重建和谐邻里关系的重要举措，也是涉及农民群众思想观念转变的一场"围墙革命"，展现了新时代开放、大气、自信、和谐的乡村文化。

39. 为什么要同时推进农村人居环境整治和农业面源污染治理?

农村人居环境整治和农业面源污染治理是相辅相成的两个任务,需要同时推进。首先,农村人居环境整治是改善农村居民生活条件、提升农村整体环境质量的重要措施,包括改善农村基础设施、提高垃圾处理率、推广清洁能源等方面。这些措施可以减少农村生活污染物的排放,改善农村居民的生活环境,提升生活质量。其次,农业面源污染治理是保护农业生态环境、保障农产品质量安全的必然要求。农业面源污染主要来自农业生产活动中的化肥、农药、畜禽养殖废弃物等。这些污染物如果得不到有效治理,就会对农村生态环境造成严重影响,甚至威胁到农产品的质量安全。最后,农村人居环境整治和农业面源污染治理是相互促进、相互支持的。农村人居环境整治可以改善农村整体环境质量,为农业面源污染治理提供更好的环境条件。同时,农业面源污染治理也可以促进农村人居环境整治的深入开展,减少生活污染物的排放,进一步提升农村环境质量。

40. 为什么全域土地整治是综合性改造农村人居环境的重要抓手？

　　全域土地整治通过规划管控和空间治理，将土地资源进行统筹整合，实现优化土地利用结构、提高土地利用效率和改善农村生态环境等多重功能。这有助于解决农村人居环境面临的资源和环境约束问题，推动农村可持续发展。全域土地整治具体措施包括几个方面：农用地整治，主要包括对农用地进行整理、复垦和开发，通过土地平整、灌溉与排水设施建设、田间道路建设等措施提高农用地质量，增加有效耕地面积，优化农用地结构和布局，提高农业综合生产能力；建设用地整治，重点是对农村散乱、废弃、闲置和低效利用的建设用地进行整治，通过土地复垦、土地再开发和土地整理等方式，提高建设用地的集约节约利用水平，优化建设用地布局和结构；乡村生态保护修复，主要是对乡村生态系统进行保护和修复，包括对山水林田湖草等自然生态系统的保护和修复，以及农村人居环境的绿化美化等，通过植树造林、水土保持、环境治理等措施提高乡村生态系统的质量和稳定性。因此，全域土地综合整治是促进城乡融合发展、城乡空间配置优化、城市乡村能级提升、农业发展方式高质量、农民生活水平高品质、农村生态环境更优美的重要抓手。

| 41. 什么是建设美丽乡村的"五美联创"?

"五美联创",就是通过推进示范县、示范乡镇、风景线、精品村、美丽庭院五大载体的创建,推动全域美丽乡村建设。浙江省为有力有序有效推进美丽乡村建设,实行典型引路、点线面结合的推进方法,每年建设、评比、验收一批示范县、示范乡镇、风景线、精品村、美丽庭院。坚持"洁、齐、绿、美、景、韵"六字标准,创建美丽庭院;围绕"风貌优美、特色鲜明、产业兴旺、民风淳朴"要求培育特色精品村;打破村界、镇界,把公路、铁路、湖河、山体沿线建成美丽乡村风景线;坚持整体打造,培育美丽乡村示范乡镇、示范县,以示范引领推进乡村全域美丽。"十四五"以来,持续深化"五美联创",每年创建新时代美丽乡村标杆县10个、示范乡镇100个、美丽乡村共同富裕示范带20条、特色精品村300个,全面开展"人人做园丁、户户讲文明、村村是花园"美丽庭院创建行动。

| 42. 什么是 "一村万树" 行动?

2018年,浙江省以 "一村万树" 为载体开展了 "一村万树" 三年行动计划(2018—2020年),要在一个行政村范围内,种植以珍贵树、乡土树为主的绿化美化树种1万株左右,形成 "一村一品、一路一景、一树一业" 的乡村绿化美化和林业产业发展格局。大力开展赠苗造林、四旁植树、补植培育和绿化片林建设,持续改善乡村生态环境,促进林业产业发展,弘扬森林生态文化,推进乡村振兴。到2020年底,浙江省完成 "一村万树" 示范村建设1216个、推进村1.05万个,超额完成三年行动计划。为实现 "十四五" 规划目标,持续加强国土绿化美化,浙江省开展新一轮 "一村万树" 五年行动计划(2021—2025年),到计划期末再建成示范村1000个以上。

| 43. 什么是河长制？

2017年，为了促进综合治水工作，浙江省人民代表大会常务委员会公布《浙江省河长制规定》，对浙江省治水工作中具有执行力的工作机制五级河长制进行了制度规定。河长制是指在相应水域设立河长，由河长对其责任水域的治理、保护予以监督和协调，督促或者建议政府及相关主管部门履行法定职责，解决责任水域存在问题的体制和机制。水域包括江河、湖泊、水库以及水渠、水塘等水体。浙江省五级河长制为省级、市级、县级、乡级、村级五级河长体系。跨设区的市重点水域应当设立省级河长。各水域所在设区的市、县（市、区）、乡镇（街道）、村（居）应当分级分段设立市级、县级、乡级、村级河长。水域沿岸显要位置应当设立河长公示牌，标明河长姓名及职务、联系方式、监督电话、水域名称、水域长度（面积）、河长职责、整治目标和保护要求等内容。

| 44. 什么是公共服务"七优享"？

2023 年，浙江省人民政府办公厅印发《浙江省公共服务"七优享"工程实施方案（2023—2027 年)》，实施公共服务"七优享"工程的五年计划，这是浙江省为了进一步提高公共服务水平，大力推进公共服务均衡可及和优质共享公共服务，改善民生、提高公共服务水平而实施的一项重要政策。公共服务"七优享"主要聚焦"幼有善育、学有优教、劳有所得、病有良医、老有康养、住有宜居、弱有众扶"七大领域，实现城乡公共服务优质普惠共享、优化公共服务配置的体制机制，全面建成"15 分钟公共服务圈"，切实提升人民群众获得感、幸福感、安全感和认同感，着力开创公共服务"七优享"的社会发展新局面。

三

· 乡村发展篇 ·

| 45. 为什么浙江现阶段更重视乡村经营？

"千万工程"造就了万千美丽乡村，也激发出乡村经济价值、生态价值、乡村文化价值，展现了美丽乡村转化为美丽经济的重要路径。"千万工程"20年，浙江乡村整体到了从建设美丽乡村向经营美丽乡村的转变阶段，也进一步彰显了"绿水青山就是金山银山"重要理念的真理伟力。

早在2006年浙江省"千万工程"现场会，习近平同志就特别强调"千万工程"实施的两个结合，工程实施要把整治村庄和经营村庄结合起来，把改善村容村貌与发展生产、富裕农民结合起来。浙江近年来以"绿水青山就是金山银山"的"两山"重要理念为指引，从建设美丽乡村向经营美丽乡村转变，大力推进人居环境整治的"美丽成果"向"美丽经济"转化。依托美丽乡村，推进一二三产融合，拓展农业新功能，积极发展农村新兴美丽产业。因地制宜推进休闲观光农业、创意农业、乡村旅游、民宿、研学、康养等新产业、新业态；依托美丽乡村资源优势，积极开展景区村庄运营，科学推进农村集体"三资"经营管理，探索资产经营、资源开发、服务创收等多途径促进集体经济增收，不断壮大集体经济。通过科技下乡、设计下乡、艺术下乡、文化下乡、资本下乡，让乡村生态、文化、经济等价值进一步显现，让生态宜居美丽乡村焕发出勃勃生机和活力。

2023年浙江省委1号文件提出，要实施乡村点亮行动，因地制宜开展村庄经营，加速拓宽"绿水青山就是金山银山"转化通道，推动浙江万千美丽乡村加快发展美丽经济，更好造福农民群众。

46. 村庄经营应该注意哪些关键点？

村庄经营是基于村庄自然条件、产业基础和文化资源禀赋，以盘活利用村庄资源和资产为抓手，以市场化经营为手段，激活乡村经营主体、市场、要素，推动村强民富，加快建设宜居宜业和美乡村的进程。一是坚持党建引领。要在村党组织领导下开展村庄经营，投资方向、建设重点等要尊重农民群众意愿，要充分发挥村党组织在招引运营主体、强化联农带农、提供要素保障等方面的作用。二是坚持因地制宜。要科学把握乡村的差异性，充分挖掘具有自身特色的山水资源、古村文化、民俗传统等，因地制宜开展村庄经营，以差异化、特色化、品牌化提升竞争力。三是坚持共建共享。充分发挥农民群众积极性、主动性、创造性，按照共建共享要求，把村庄经营的增值收益更多留给农民，让农民群众在村庄经营中更有获得感、幸福感、安全感。四是坚持底线思维。坚决守住生态环境和人居环境底线，不破坏绿水青山和村庄原有肌理，不损害农民和村集体利益。

| 47. 为什么浙江在积极培育乡村职业经理人？

　　2023年，浙江省开始实施"浙江千名乡村CEO培养计划"，系统化培养乡村经营人才队伍。这说明乡村经营的重要和乡村人才的重要，也是点亮乡村的重要抓手。从外部环境看，到2020年底，浙江省已建成A级景区村庄10083个，其中3A级景区村庄1597个，这为乡村职业经理人和乡村经营提供了广阔的舞台。乡村职业经理人（CEO）与普通村干部相比，有专业的知识、技能，在市场化经营实战经验方面具有优势。浙江不少村庄采用让专业人才干专业事的市场化经营方式，引进外部职业经理人来开展乡村经营活动，取得了较为明显的效果。如小古城村职业经理人用两年时间帮助村里打造了彩虹滑道、古精灵乐园、苕溪营地等一批自带网红属性的项目，成功引入客流28万人次，村集体营业收入达到152万元，直接旅游总收入达3800多万元。杭州市淳安县"大下姜"乡村职业经理人销售经营"下姜村"百花蜂蜜、啤酒、土麦面，"大下姜"地瓜干、葛根面等农特产品，规划筹办"墅上花开大下姜音乐美食节""大下姜红高粱旅游文化节"等乡村节庆活动，大大增强了"大下姜"品牌知名度和影响力。

| 48. 如何发展管理"强村公司"？

"强村公司"是指依照公司法有关规定，依法向登记机关申请设立登记，以助推村级集体经济发展壮大和农民增收为目的，由农村集体经济组织通过投资、参股组建公司实体或入股县、乡级联合发展平台等，以项目联建等形式统筹辖区内农村集体资产资源，实行公司化运营兼顾社会效益的企业。2010年前后，浙江新昌、平湖等地区开始探索在县、乡政府牵头下，由村集体共同出资组建经营实体，按照现代企业经营理念组团式发展集体经济。2019年，浙江省委主要领导对湖州市南浔区"强村公司"做法作出肯定批示。2020年，"强村公司"写入省委、省政府集体经济巩固提升三年行动，在全省全面推广实施。"强村公司"有单村组建的公司、多村联建的公司、多村参股国有平台的公司等形式，从层级看，有村庄、乡镇、县、市四级。核心业务范围主要集中在市场风险小、经营收益稳、资产能保值增值的项目。为促进"强村公司"健康发展，2023年，浙江省农业农村厅、省财政厅等10部门联合出台《关于促进强村公司健康发展的指导意见（试行）》，要求各地要以增强村集体经济造血功能为目标，以市场化经营为导向，积极培育"强村公司"，规范公司运行机制，增强发展安全性、稳定性，扎实推进"强村公司"高质量发展。提出要构建健康有序、规范高效的运行体系，规范公司组建，规范财会管理，加强人员风险管控，推进多元稳健经营，规范利润分配。构建全链闭环、精准严实的监管体系，落实监管责任，形成监管闭环。构建综合集成、直达快享的支持体系，持续优化营商环境，优化乡村投融资一站式服务，加大项目支持，加大资金、土地要素支持，加强人才支撑。截至2023年，浙江已成立2278家"强村公司"，入股行政村达11280个，2022年实现总利润21.7亿元，村均分配收益15.4万元。

| 49. 浙江高效生态农业是什么时候提出的？

　　2003年4月15日，时任浙江省委书记习近平在余杭区（含临平区）考察调研"三农"工作，首次提出把发展高效生态农业作为提升浙江效益农业发展水平的主导方向。2004年1月全省农村工作会议上，习近平同志在讲话中明确提出了充分发挥浙江省的比较优势，把发展高效生态农业作为效益农业的主攻方向；在2004年12月全省经济工作会议上，习近平同志提出大力发展高效生态农业；之后，习近平同志在2005年、2006年和2007年全省农村工作会议讲话中进一步对高效生态农业的内涵、路径进行了阐释并对工作进行了部署。2007年3月，习近平同志在《人民日报》发表了题为《走高效生态的新型农业现代化道路》的专题文章，系统阐述了什么是高效生态农业、为什么走高效生态农业道路、怎么走高效生态农业道路等基本理论问题。

| 50. 高效生态农业的内涵是什么？

在2005年《浙江日报》"之江新语"专栏的《大力发展高效生态农业》文章中，习近平同志对高效生态农业进行了完整的界定，指出高效生态农业是集约化经营与生态化生产有机结合的现代农业。它以绿色消费需求为导向，以提高农业市场竞争力和可持续发展能力为核心，兼有高投入、高产出、高效益与可持续发展的双重特征，它既区别于高投入、高产出、高劳动生产率的石油农业，也区别于偏重维护自然生态平衡和放弃高投入、高产出的自然生态农业，符合浙江资源禀赋实际，也符合现代农业发展趋势，是对效益农业的进一步提升。在2006年全省农村工作会议讲话中，习近平同志提出建设现代农业，要以发展高效生态农业为主攻方向，走出一条经济高效、产品安全、技术密集、资源节约、环境友好、凸显人力资源优势的新型农业现代化路子。

高效生态农业是农业发展螺旋式上升的必然要求，是生态文明新时代的现代农业发展形态。高效生态农业不是全盘否定了传统生态农业生产方式，也不是全面否定工业化时代高投入、高产出发展方式，而是取其精华、去其糟粕地进行更高层次的肯定。实质上，高效生态农业是农业更高级发展阶段的要求，代表了现代农业发展的方向，是在习近平生态文明思想指导下生态农业和效益农业的有机结合。

浙江持续20年的高效生态农业发展战略经受住了历史和实践检验，证明走高效生态的新型农业现代化道路是一条符合浙江实际、遵循科学发展的有中国特色的农业现代化之路，也是我国加快建设农业强国的必经之路。

┃ 51. 为什么实施农业"双强"行动？

强国必先强农，农强方能国强，没有农业强国就没有整个现代化强国。农业"双强"行动指科技强农、机械强农行动，目的是大力提升农业生产效率，促进农业高质量发展。根据《浙江省实施科技强农机械强农行动 大力提升农业生产效率行动计划（2021—2025年）》，全面实施农业"双强"行动是深入贯彻习近平总书记关于"三农"工作的重要论述和重要指示批示精神，坚定不移走高效生态农业发展路子的表现，是浙江省围绕争创农业农村现代化先行省目标，突出提高农业生产效率和效益导向，以数字化改革为牵引，实现"一年大突破、三年大跨越、五年创一流"，成为农业高质高效、农民持续增收的农业现代化省域样本的要求。

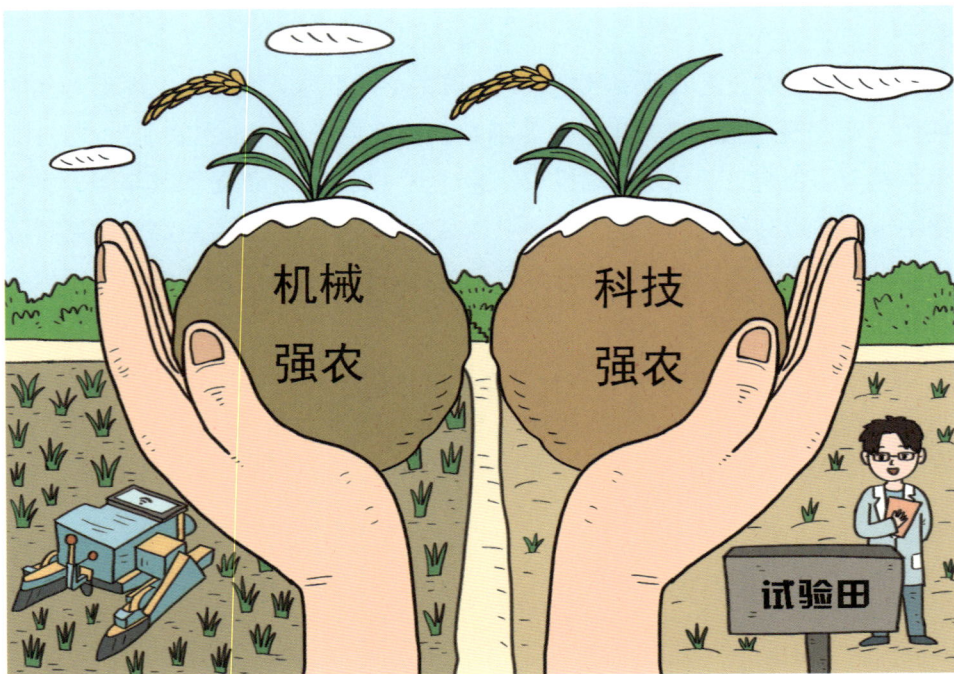

52. 浙江如何打造美丽乡村夜经济？

2020年，为进一步促进乡村休闲旅游业发展，更大程度拓展"绿水青山就是金山银山"转化通道，加快乡村产业发展，浙江省农业和农村工作领导小组办公室等6部门发文《关于加快发展美丽乡村夜经济的指导意见》，提出加快发展美丽乡村夜经济，推动美丽乡村夜"味"更诱人、夜"购"更丰富、夜"赏"更精彩、夜"玩"更多元、夜"养"更健康。提出到2022年底，浙江省将形成一批布局合理、功能完善、特色鲜明、管理规范、乡风浓郁的美丽乡村夜经济精品村和精品线路，把美丽乡村夜经济打造成千亿元级新兴产业，争当美丽乡村夜经济的先行省、示范省。

| 53. 什么是"百县千碗"行动？

"民以食为天，游以吃为先"，随着文旅融合的不断发展，浙江省通过美食IP（知识产权）带动乡村振兴，实现共同富裕。"百县千碗"是浙江省委、省政府重点打造的一项品牌工程，也是新时代浙江特色美食文化的一张"金名片"。该行动旨在深入挖掘浙江美食文化资源，推动放心消费，助力乡村振兴，并通过浙江新菜系IP的创新确立和全国推广，让浙江共同富裕的新民生形象深入国人心中。自2018年8月启动以来，"百县千碗"行动已连续3年写入浙江省政府工作报告，并纳入省委"十四五"规划和高质量发展建设共同富裕示范区范畴。浙江省文化和旅游厅联合省商务厅、省市场监督管理局等6部门共同发布了《做实做好"诗画浙江·百县千碗"工程三年行动计划（2019—2021年）》，组织全省各县（市、区）评选出最有代表性的当地"十大碗"美食，指导全省各地从体系标准、文化内涵、市场布局、服务质量、宣传推广、技术传承等维度入手，打造"诗画浙江·百县千碗"品牌。2021年，在原有基础上，推动各县（市、区）评选出当地十碗热菜、十碗冷盘、十碗小吃，形成"1+1+1"美食体系。与此同时，搭建了"诗画浙江·百县千碗"数字化服务平台，创建了"百县千碗"官方微信公众号、抖音号、视频号，开设话题专区，通过图片文字、短视频等形式，为全省各地的菜品和体验店进行线上宣传和推广。

54. 为什么要做好"乡村土特产"这篇文章？

习近平总书记在2022年中央农村工作会议上强调，产业振兴是乡村振兴的重中之重，要落实产业帮扶政策，做好"土特产"文章。"土"讲的是基于一方水土，开发乡土资源。要善于分析新的市场环境、新的技术条件，用好新的营销手段，打开视野，用好当地资源，注重开发农业产业新功能、农村生态新价值，如发展生态旅游、民俗文化游、休闲观光游等。"特"讲的是突出地域特点，体现当地风情。要跳出本地看本地，打造为广大消费者所认可、能形成竞争优势的特色产业带，如因地制宜打造苹果村、木耳乡、黄花镇等。"产"讲的是真正建成产业、形成集群。

2023年，浙江省共有"土特产"1040个，总产值2467亿元，其中，产值达1亿元以上的有353个，涵盖695个品牌、48万家生产经营主体，从业人员达599万人，带动人均增收2000元以上。当前和今后一个时期，浙江省将坚持走"特色化、品牌化、融合化、绿色化、数字化"的发展路子，优化资源要素配置，加快产业集群成链，完善联农带农机制，推动乡村"土特产"发展走在全国前列。

力争到2025年，乡村"土特产""十百千"发展格局初步形成。"十"即培育精品粮菜、特色林果、优质茶桑、生态畜牧、珍品菌菇、道地药材、健康水产、乡愁美食、特色手工、乡土文旅等十大"土特产"产业；"百"即建成百个"土特产"优势区，打造百条"土特产"全产业链；"千"即打造千种乡土特色精品，总产值达到3000亿元。

| 55. 如何用农产品区域公用品牌赋能乡村产业？

农产品区域公用品牌是在一定区域内被相关机构、企业、农户等共有的品牌，这些机构、企业、农户在生产地域范围、品牌使用等方面有着共同诉求与行动，通过联合打造农产品品牌，提高区域内外消费者评价，促进区域产品与区域形象共同发展。当前我国各地越来越重视农产品区域公用品牌的创建，已发展出单一产品模式、单一产业模式、全区域产业整合模式、联合品牌创建模式、乡村全域品牌化模式等5类农产品区域公用品牌模式。这些模式在各地均有不同程度展开，以区域资源为基础，以市场竞争为导向，以品牌为引领，赋能乡村振兴。

典型的是"丽水山耕"农产品区域公用品牌的产生和运用。据统计，丽水全市农产品经营主体有7000多家，近3000个农产品品牌，"散兵游勇"式的经营导致丽水农产品陷入优质不优价、叫好不叫座的尴尬境地。丽水市运用农产品区域公用品牌——"丽水山耕"进行品牌定位，对品牌理念、符号系统、渠道构建、传播策略等全面策划规划。

丽水市已有866家当地农业经营主体、1122个合作基地、1000余种产品加入"丽水山耕"品牌，产品销往国内20余个省份，累计销售额突破130亿元，品牌产品平均溢价率超过30%，背书农产品累计达323个。"丽水山耕"区域公用品牌以97.89的品牌指数荣获2019中国区域农业品牌影响力排行榜区域农业形象品牌（地级市）类别第一位。

| 56. 为什么要发展壮大新型农村集体经济？

党的十八大以来，我国"三农"改革发展进入新阶段，发展壮大新型农村集体经济是新时代党中央"三农"改革发展重要目标。2021—2024 年连续四年中央 1 号文件都提出发展新型农村集体经济的要求。

发展新型农村集体经济是社会主义本质属性的必然要求。集体经济是社会主义公有制的重要组成部分和一种重要形式。村级集体经济组织发挥统一经营服务功能、壮大集体经济是坚持社会主义公有制发展方向的体现。壮大新型农村集体经济，是新时代引领农民实现共同富裕的重要途径。

发展新型农村集体经济是推进中国式现代化乡村路径的迫切需要。如何在实践上改革探索集体经济现代化有效实现形式，突破集体经济内生发展的障碍，把公有制制度和市场经济制度进行很好的结合，创造出既能发挥集体所有制优势又能提高市场经济效率的新型农村集体经济发展方式，是探索中国式现代化乡村路径的迫切需要。

发展新型农村集体经济是完善农村双层经营体制的内在需要。农村集体经济组织实行家庭承包经营为基础的、统分结合的双层经营体制，必须要加强统一经营服务功能建设，补足农村双层经营体制的短板。

发展新型农村集体经济是把小农引入现代农业发展轨道的重要路径。我国人多地少的基本国情、农情决定了我国很长一段时期都有大量小农的存在，发展集体经济组织是把小农引入现代农业发展轨道的重要手段和不可或缺的重要路径，可实现小生产与现代农业生产要素的有机结合，提高农业生产效率和经营效益，促进小农生产经营的转型升级。

发展新型农村集体经济是新时代农村基层组织治理的重要抓手。村庄（社区）是我国基层的基本单元，农村基层和谐稳定运行需要村级集体经济的有力支撑。发展集体经济组织与加强村党组织领导、完善村委会自治功能相辅相成，也是村庄（社区）有效治理的关键。

| 57. 为什么出现农村集体经济发展片区组团发展的新现象?

农村集体经济出现了片区组团发展的新现象。如,湖州市"十四五"农业农村现代化规划就提出"片区打造、组团发展、共建共赢"理念,建设60个以上新时代美丽乡村样板片区,组团发展未来乡村;下姜村、余村等村庄近年来都采取联动周边村庄发展的"大下姜""大余村"等经营发展方式。

一是资源整合。片区组团发展有助于将特定区域内的各类资源进行整合,包括人力、物力、财力、技术等,进而实现资源的优化配置和共享,提升资源利用的效率及效益。相对来说,单个村庄发展普遍存在资源有限、资金有限、空间有限、规模有限等短板。二是规模效应。片区组团发展能够实现规模化经营,扩大生产及市场规模,提升生产效率和经营效益。同时,规模化经营有助于降低成本、增加收入,提高农民的收益水平。三是产业协同。片区组团发展可以促进各产业的协同发展,将不同产业有机串联,形成产业链和产业集群,增强产业整体竞争力和市场影响力。四是共同富裕政策引导。支持乡村振兴联合体和示范片区建设,打造一批共同富裕新时代美丽乡村示范带,鼓励先富村带后富村。这些政策的实施对片区组团发展产生了积极的推动作用。

| 58. 村企共建在农村共同富裕中的意义、作用是什么？

在我国加快农业农村现代化和推进共同富裕的新征程中，企业与村庄共建具有单靠村庄自身建设发展所没有的优势，加快了农业农村现代化和农民共同富裕的步伐。

加速城乡融合。村企共建体现新时代建立新型工农城乡关系、城乡融合发展的新要求。从宏观层面看，国家实施乡村振兴重大战略有助于加快城乡融合发展、促进城乡共同繁荣的新格局。而从微观层面来讲，村企共建也是进一步强化以工补农、以城带乡的具体体现，有利于加快形成工农互促、城乡互补、协调发展、共同繁荣的新型工农城乡关系。村企共建中的企业给乡村引入现代管理、现代文明以及制度文化，从微观主体层面促进城乡要素双向流动和互动交流，为推进农业农村现代化注入新的生机活力。

加快乡村发展。村企共建体现了先富带后富的共同富裕精神。让一部分人先富起来，逐步带动全体人民的共同富裕，这是中国式现代化的重要特征。浙江乡村从建设美丽乡村到了经营乡村的新阶段，通过乡村与先行富裕企业联动，利用企业人才、资金、技术等资源以及市场经营等方面的优势，盘活乡村"沉睡"的资源和资产，有利于更好激活乡村资源要素，促进乡村经济发展，进一步消除城乡差距、区域差距和收入差距问题。

加强乡村建设。村企共建体现植根于乡土企业的社会责任和深厚情怀。中国一大批民营企业是从乡村工业化的进程中走出来的，与所在的乡村有着天然不可分割的联系，一定程度上是乡村和集体滋养起来的企业，企业家本人也具有回报家乡的深厚情怀。企业对农村社区环境整治、公共基础设施建设和公共服务等公益事业的积极参与，也体现了企业对乡村和社区的责任，展现了企业良好社会形象。

加力乡村治理。村企共建体现了乡村开放治理的新要求。中国式现代化农村不应该是封闭的乡村，而是有活力、开放、包容的宜居宜业和美乡村。

村企共建进一步留住了乡村的精英,甚至由于企业引进了新的乡村人才,改变了过去乡村人才等资源单向流出的状况。例如长兴县新川村等村企共建村展现的新乡村文化以及新乡人参与乡村治理,进一步丰富了党领导下的乡村自治、法治、德治等相结合的治理体系和治理能力,推动了善治乡村建设。

| 59. 浙江富民强村集体经济改革的举措有哪些？

为进一步缩小地区、城乡和收入差距，推动新型农村集体经济发展壮大，高质高效促进农民农村共同富裕，浙江省启动了强村富民乡村集成改革。具体措施包括以下四点。

一是深化"市场化改革＋集体经济"模式。培育"强村公司"，促进村公司健康发展，增强联村带户致富能力。构建全省产权流转交易体系，实施农民农村"提低"帮富行动，深化新型帮共体建设，形成共同致富格局。

二是深化"标准地改革＋农业'双强'"。实施标准地改革，优化营商环境，吸引和集聚先进要素，推进现代农业发展。有序开展土地综合整治和深化集体林权制度改革，推动现代农业园区、农产品冷链物流升级。实施"双强"赋能兴业链富行动，加强农业科技创新突破与转化，提高农业劳动生产率。

三是深入推进"宅基地改革＋乡村建设"。实施点亮乡村活权创富行动，盘活闲置宅基地和农房，增加村集体和农户收入。审慎试点集体经营性建设用地入市。实施和美乡村引领奔富行动，提升县城承载能力，深化"千万工程"，构建"千村引领、万村振兴、全域共富、城乡和美"新图景。

四是深入推进"数字化改革＋强村富民"。实施乡村数字经济提质聚富行动，推动数字乡村引领区建设。发展直播电商、订单农业等新模式。实施"浙农"系列数字应用促富行动，优化数据分析和监测预警功能，提升改革效能。迭代"浙农经管"应用，推动集体资产实时监管。

| 60.什么是"共富工坊"？

促进共同富裕，最艰巨最繁重的任务仍然在农村。要建立更加稳定的利益联结机制，确保贫困群众持续稳定增收。近年来，浙江省委组织部充分发挥党组织政治功能和组织功能，推动党建引领"共富工坊"建设。党建引领"共富工坊"建设，由村（社区）、企业等党组织结对共建，畅通村企合作渠道，搭建村企合作平台，利用闲置房屋或土地等创办工坊，引导有条件的企业把适合的生产加工环节布局到农村，就地有效吸纳农村富余劳动力，实现低收入农户家门口就业，送就业到户、送技能到人，推动农民增收、企业增效、集体增富，形成"组织起来、一起富裕"的良好氛围。到2023年底，全省共建成"共富工坊"8821家，累计吸纳农民就业40.1万人，人均月增收约2600元，合计年增收约125亿元。

四

·乡村治理篇·

| 61. 如何开展乡村绿色积分治理？

以嘉善县姚庄镇为例，创新乡村绿色积分治理机制，探索形成以农村人居环境整治提升为切口、以积分引导农民自觉参与为路径、以农村文明程度显著提升为目标的乡村治理模式。

一是建立积分制度。村党组织牵头组建以党员、村务监督委员会成员、村民代表组成的工作小组，围绕房前屋后整洁美观、绿化设施共同维护等制定通俗实用的绿色积分标准，对积分内容逐项制定考核细则，将积分制管理与环境整治、产业发展、乡风建设、村级事务、慈善公益等工作相结合。以家庭（户）为单位设置绿色积分，积分制度经村户长会议讨论通过，全体户长签字承诺，成为全村共同遵守的行为准则。

二是开展"户比互评"。成立村绿色积分考评小组，每月、每季定期分类组织党员、村民代表等开展考评，按一定比例评出先进户、良好户、合格户、需提高户。设立绿色积分评比议事堂，邀请党员干部、村民代表开展议事，评先进、点问题、促整改。考评结果提交村"两委"班子联席会议进行审核、评定，委派监督员监督、核对，在村醒目位置设立评比公示牌，将"户比互评"置于广大村民的监督之下。

三是创新积分应用。各村将村民绿色积分情况通过相关系统平台进行公开，村民可及时掌握本户总积分和分项积分，实时了解家庭单项积分排名和总积分排名。与相关金融机构合作，为农户办理个性化生态绿色联名卡，实现村民日常积分可视化和零星生活用品兑换，年末以"一分计一元"的规则，将系统中的积分转换为存款，也可以根据银行卡积分兑换相应生活必需品。每月对先进户给予花木植物等物质奖励，每年在绿色积分靠前农户中评出优美户，进行公开表彰。

建立绿色积分考核机制，促进了村民主动发现并改善环境问题。绿色积分让农村居民生活更有获得感。

| 62. 如何以"功德银行"模式推动乡村治理？

以义乌市何斯路村为例，该村于2008年首创"功德银行"模式，经过多年的试点运行完善，乡村治理成效明显，实现了村居精神文明和物质文明双丰收，先后荣获"中国十大乡村振兴示范村"、国家级"最美乡村示范村"等荣誉称号。截至2023年，村集体资产估值超过1亿元，人均可支配年收入达到67100元。

一是量化行为标准，建立用户积分体系。模仿现代银行管理体制，建立积分采集、储蓄和支取板块。为每名自愿参与用户开设"功德银行"个人账户，并邀请5名村内威望高的党员组建打分组、审核组。从自我行为约束、主动帮扶他人、参与建设集体3方面对村民个人行为给予不等的"功德分值"。何斯路村还开发"功德银行"App（手机应用软件），村民可即存、即查、即用"功德积分"，并通过App内"功德商城"实现积分兑换。

二是强化群体参与，建立用户覆盖体系。为鼓励村民开设"功德银行"个人账户，何斯路村建立以党建带乡村能人、再带村民的用户吸纳模式。修订村规民约、村民自治章程，每年定期组织本村能人、优秀青年代表参加民主议事参事会，推介"功德银行"。通过本村能人带领，何斯路村成立了文明实践会、邻里互助促进会等非正式组织，并依托上述组织实现"功德银行"村民全覆盖、90%村内事务自治解决，村民自我管理、自我服务水平明显提升。

三是深化"三治融合"，建立平台赋能体系。紧扣自治、法治、德治三大核心内容，在"功德银行"体系内搭建"三治"学习和"三治"实践平台。在学习方面，何斯路村开设了"斯路晨读"专题，每月定期举办9期活动会，内容主要包括讲政策、村规民约，通报宣传近期好人好事，练太极拳和唱村歌等"三治"内容。在实践方面，依托垃圾分类、平安村居、美丽庭院等活动，将村庄划分为6个责任保护区，以"党员+村民"的组合模式共同管理，每天通过"双随机"模式对各保护区内环境卫生、村民礼仪等内容进行互相检查，评选优秀个人和优秀责任保护区，予以相应的"功德积分"。

| 63. 什么是《千村故事》"五个一"行动计划?

2003年6月,在"千万工程"启动会上,时任浙江省委书记习近平强调:要正确处理保护历史文化与村庄建设的关系,对有价值的古村落、古民居和山水风光进行保护、整治和科学合理地开发利用。2012年,浙江出台《关于加强历史文化村落保护利用的若干意见》,全面启动历史文化村落保护利用工作,《千村故事》"五个一"行动计划是浙江省历史文化村落保护利用的一项基础性工作。该行动以1000多个历史文化村落为载体,以乡愁为情感基础,以生活化的往事、旧事等故事为依托,围绕着"寻访、触摸、定格、回味、构建"组织开展"五个一"行动,即:寻访传统故事——编撰一套丛书;触摸历史脉搏——形成一个成果;定格乡土印象——摄制一碟影像;回味乡愁记忆——推出一馆展示;构建精神家园——培育一批基地。30多位专家历时5年,在物质文化遗存修复、保护和利用的基础上,对非物质文化遗产抢救性挖掘、整理、记忆和传承,形成"千村故事"丛书,共一套9卷11册、400余万字,由中国社会科学出版社出版。

《千村故事》"五个一"

| 64. 为什么要保护农业文化遗产？

　　农业文化遗产是指人类与其所处环境长期协同发展中创造并传承的独特农业生产系统，是人类在历史长河中创造的璀璨的农耕文明。全球重要农业文化遗产，联合国粮食及农业组织将其定义为：农村与其所处环境长期协同进化和动态适应下所形成的独特的土地利用系统和农业景观。入选必须符合5项基本要求：保障食物和生计安全；具有生物多样性和生态多功能性；具有特有的农业知识体系和技艺；具有独特的农业文化和精神体系；具有独特的自然景观和水土利用系统等。中国坚持在发掘中保护、在利用中传承，不断推进农业文化遗产保护实践，进一步挖掘其经济、社会、文化、生态、科技等方面价值。截至2023年11月，我国正式被联合国粮食及农业组织认定的全球重要农业文化遗产有22项，数量继续保持世界首位。浙江入选的5项全球重要农业文化遗产分别是青田稻鱼共生系统、湖州桑基鱼塘系统、绍兴会稽山古香榧群、庆元林菇共育系统、仙居古杨梅群复合种养系统，数量居全国第一。从农业文化遗产角度看，浙江是当之无愧的"农遗大省""农遗强省"。

65.浙江省历史文化（传统）村落保护利用有哪些模式？

2012年，浙江省率先在全省域开展历史文化（传统）村落保护利用，11年来开展了11批次共475个重点村和2308个一般村的保护利用项目，涌现出一大批可学、可看、可复制的典型经验和创新做法，让一大批历史文化（传统）村落重新焕发了生机和活力。

一是古建活化模式：发挥优雅的传统建筑资源，通过修缮与整治建筑风貌、改造更新建筑功能，植入多元业态，提升古建筑利用效益，形成"以用促保"的建设模式（代表案例：富阳区龙门村、浦江县新光村、武义县坛头村）。

二是山水养心模式：依托优美的自然生态环境，通过保持与维护村落自然格局、改善与协调村落风貌肌理，提升自然环境品质，构建"山水村筑"融合的人居系统（代表案例：泰顺县徐岙底村、上虞区东澄村、开化县下淤村）。

三是民俗传承模式：挖掘独特的民俗文化资源，通过保护、传承及活化各类文化遗产要素，彰显村落民俗风情特色，创新"融陈拓新"的民俗传承路径（代表案例：平阳县鸣山村、桐乡市马鸣村、三门县杨家村）。

四是红色寻根模式：依托丰富的红色革命遗迹，深挖、传承革命精神，发挥培根铸魂、红色赓续、特色引领优势，促进村落"四治融合"，探索"红绿结合"的示范模式（代表案例：余姚市横坎头村，长兴县仰峰村，遂昌县桥东村、桥西村）。

五是艺术赋能模式：立足浓郁的文化艺术禀赋，实施艺术人才与活动的内培外引，激活艺术特质，解码文艺基因，培育、发展村落文化艺术产业，形成"艺术乡建"的有效模式（代表案例：柯城区余东村、嵊泗县花鸟村、龙泉市溪头村）。

六是文化深耕模式：依托深厚的历史文化底蕴，挖掘宗族、非物质文化遗产等文化资源，结合古建筑修缮、旅游项目，开展多维多样的展示与宣传，营造"古今融合"的文化氛围（代表案例：文成县武阳村、诸暨市斯宅村、缙云县河阳村）。

七是品牌牵引模式：借助多元的社会资源力量，推进"内化外引"机制，打造精品民宿、主题研学、农旅体验等具有辨识度的新兴业态，突显品牌牵引作用，构建"浙里风韵"乡村品牌（代表案例：南浔区荻港村、莲都区下南山村、吴兴区义皋村）。

八是校村共建模式：发挥学术资源与人才优势，建立村落保护利用战略合作机制，巧用科研院所智库智力支持，开展常态化在地指导，形成"校村协作"的共建模式（代表案例：宁海县葛家村、黄岩区乌岩头村、义乌市陇头朱村）。

九是产村融合模式：发挥独特的在地产业优势，持续推进"两进两回"，盘活乡村资产，吸引社会资本，推进产业转型升级，形成"农文旅融合"的发展模式（代表案例：德清县燎原村、新昌县梅渚村、江山市清湖三村、玉环市上栈头村）。

十是片区联动模式：发挥相邻村庄区位优势和差异化资源条件，优化公共服务和配套设施，推进项目共建、资源共享、产业共促的村落集群发展，扩大"互利共赢"的联动机制（代表案例：桐庐县江南镇、温岭市石塘镇、衢江区杜泽镇、嵊州市崇仁镇）。

| 66. 什么是"浙江有礼"？

　　2022年，浙江省精神文明建设委员会印发《关于推进"浙江有礼"省域文明新实践的实施意见》，推进"浙江有礼"省域文明新实践，让"有礼"成为浙江最具标志性成果、最具辨识度标志之一。"浙江有礼"是指以人的现代化为核心，适应新时代要求、彰显浙江特质、符合高质量发展建设共同富裕示范区之义的思想观念、精神面貌、文明风尚、行为规范。具体内容为大力倡导爱国爱乡、科学理性、书香礼仪、唯实惟先、开放大气、重诺守信六种时代新风，崇尚践行敬有礼、学有礼、信有礼、亲有礼、行有礼、帮有礼、仪有礼、网有礼、餐有礼、乐有礼的"浙风十礼"。践行"浙江有礼"省域文明新实践，加快实现浙江人思想道德素质、科学文化素质、身心健康素质显著提升，让"务实、守信、崇学、向善"成为浙江人的共同价值追求，让每位浙江人努力成为文明浙江的代言人与受益者，让"浙江有礼、从我做起"成为全民行动自觉，"浙风十礼"蔚然成风，让浙江大地呈现正气充盈、彬彬有礼、温暖如春的幸福图景。

| 67. 如何发挥文化礼堂的作用？

党的十八大以来，浙江扎实推进遍布城乡的农村文化礼堂、农家书屋等文化阵地建设。从2013年起，浙江省在全国率先开展农村文化礼堂建设，目前农村文化礼堂已超过2万家，覆盖全省每个行政村。基层群众精神文化生活越来越丰富，文化礼堂基本实现了政府、村民、乡村能人和社会力量的共建共治共享。文化礼堂营造成为乡村文化的集体展示，是村民自我认同的重要载体，也是一个集礼堂、讲堂、文体活动场所为一体的文化阵地综合体。

一是文化礼堂应积极挖掘和传承乡土文化，把民俗风情、村规民约、族谱家训、古建遗存等当地文化特色挖掘整理出来，保存展览于文化礼堂，通过举办地方特色文化活动的方式，让乡土文化得以传承和发扬。

二是真正让农民唱主角，从根本上调动群众积极性，让农村文化礼堂真正焕发出生机和活力。要方便广大群众自主用，坚持开门办文化礼堂，让每个村民都成为文化礼堂的主人。

三是推进"文化礼堂＋经济"融合发展模式，抓住高质量推进共同富裕示范区的契机，挖掘更多的旅游资源，带动全村经济发展，实现共同富裕和精神富有的目标。

四是文化礼堂应物尽其用，整合现有的村级活动中心、农家书屋、农村电影放映等宣传文化资源，把传承传统文化、弘扬社会主义核心价值观、推广公民道德建设等功能有机结合起来，切实发挥文化礼堂推动农村精神文明建设的作用，使其真正成为村民的精神家园。

| 68. 乡村春晚等群众性活动如何赋能文化振兴？

文化振兴是和美乡村建设"铸魂"工程，推动乡村文化振兴，就是要深入挖掘农村传统文化蕴含的优秀思想理念、人文精神、道德规范，结合时代需求，以喜闻乐见的方式，更好地满足农民的精神文化需求。乡村春晚即农民办"村晚"，最早可追溯至浙江庆元县月山村，至今已有44个年头，当地"村晚"一直秉持"农民演、农民看、农民享"的理念。如今浙江"我们的村晚"遍地开花，2023年浙江"我们的村晚"春节前后线上线下累计举办6100余场，57.2万村民参加"村晚"演出，近700万人次现场参与，1.2亿人次线上观看，大大促进了"精神共富"，推动乡村文化更好赋能乡村振兴。乡村春晚是一种传统文化的继承和坚守，在丰富当地群众文化生活的同时，凝聚村民情感，激发村民的创造力和参与度，促进乡风文明，成为推动和谐社会建设的有效载体，也反映村民对幸福生活的寄托和向往。此外，浙江"村运""村歌""村舞"等文化体育活动与"村晚"一样，丰富了乡村文化生活，正在走出一条文化赋能乡村、繁荣乡村的发展之路。

| 69. 什么是"枫桥经验"？

20世纪60年代初，诸暨市枫桥镇干部群众在社会主义教育运动中创造了"发动和依靠群众，坚持矛盾不上交，就地解决。实现捕人少，治安好"的"枫桥经验"。1963年，毛泽东同志亲笔批示"要各地仿效，经过试点，推广去做"。随后，中央又两次批转"枫桥经验"。之后，"枫桥经验"不断发展，形成具有鲜明时代特色的"党政动手、依靠群众，预防纠纷，化解矛盾，维护稳定，促进发展"的枫桥新经验，成为新时期把党的群众路线坚持好、贯彻好的典范。历届浙江省委、省政府都高度重视学习推广"枫桥经验"。根据毛泽东同志批示精神和中央在不同时期具体要求，省委、省政府多次具体指导，对全省各地学习推广"枫桥经验"提出明确要求。2003年11月，时任浙江省委书记习近平同志在浙江纪念毛泽东同志批示"枫桥经验"40周年暨创新"枫桥经验"大会上明确提出，要牢固树立"发展是硬道理、稳定是硬任务"的政治意识，充分珍惜"枫桥经验"，大力推广"枫桥经验"，不断创新"枫桥经验"，切实维护社会稳定。2013年10月，习近平总书记就坚持和发展"枫桥经验"作出重要指示，要求各级党委和政府要充分认识"枫桥经验"的重大意义，发扬优良作风，适应时代要求，创新群众工作方法，善于运用法治思维和法治方式解决涉及群众切身利益的矛盾和问题，把"枫桥经验"坚持好、发展好，把党的群众路线坚持好、贯彻好。2023年11月，习近平总书记会见全国"枫桥式工作法"入选单位代表，勉励他们再接再厉，坚持和发展好新时代"枫桥经验"，为推进更高水平的平安中国建设作出新的更大贡献。新时代"枫桥经验"主要内容是在开展社会治理中实行"五个坚持"，即坚持党建引领，坚持人民主体，坚持"三治融合"，坚持"四防并举"，坚持共建共享。

| 70. 象山"村民说事"的治理模式有什么特点？

针对新形势下农村基层治理中群众参与程度不高、民主决策不够到位、运行机制不够规范等问题，2009年5月，象山县西周镇推行"村民说事"制度，2010年3月在全县推广。借助"村民说事"平台，通过"村民说事、村务会商、民事村办、村事民评"等一系列行之有效、务实管用的制度和方法，形成"有事要商量、有事好商量、有事多商量"共识，密切干群关系，化解矛盾纠纷，推动农村发展，形成乡村治理的"象山模式"。象山"村民说事"是一项新的农村基层民主议事制度，构建了以村党组织为核心，以"说、议、办、评"为主要内容的制度体系。"说"指有事放到台面上讲，明确规定各村固定时间、固定频率集中讨论村内事务，村干部、联村干部集中听取群众各类诉求，由此打通民意渠道；"议"指大事、急事应及时召开村务联席会议商量办法，大事、急事要召开村代表会议集中讨论，由此提高办事效率，提升村民的满意度；"办"指民事村办，实行村级事务管理多员合一、专职代办，实现村民办事不出村的目标，踏踏实实为民办事；"评"指办事情况由群众评估打分，开展多项评估指标，利于形成各村的竞争之态，塑造良好的自治之风。2019年，象山"村民说事"制度创成国家标准化试点。2022年，象山县实施"村民说事"迭代升级版，推行以"村民说事"为引领的"村嫂说情""村舅说理""村干部说法"相结合的乡村善治"说系列"体系。

71. 自治、法治、德治相结合的乡村治理模式是怎么产生的？

　　面对日益复杂的社会矛盾和问题，传统的以村民自治为主要形式的农村社会治理体系逐渐显露出其局限性，难以应对农村社会出现的新问题、新矛盾。2013 年 5 月，桐乡市高桥街道组建 3 支党组织领导、植根于民间的团队：百姓参政团、道德评判团、百事服务团。老百姓参与公共决策，自己的事自己说了算，自己参与干，干得怎么样自己参与评判。2013 年 9 月，桐乡市出台《关于推进社会管理"德治、法治、自治"建设的实施意见》，全市 211 个村（社区）逐步构建"一约两会三团"治理载体——村规民约，百姓议事会、参事会，百事服务团、法律服务团、道德评判团，着力形成"大事一起干、好坏大家判、事事有人管"的基层社会治理格局。经过数年的探索和实践，桐乡这种治理机制发展成为自治、法治、德治相结合的基层治理模式。"自治、法治、德治相结合"写入 2018 年中央 1 号文件。

| 72."龙游通＋全民网格"的智慧治理模式有什么特点？

　　龙游县位于浙江省中西部，县域面积1143平方千米，辖6镇、7乡、2街道，总人口40.4万。2015年，该县东华街道张王村率先对支部党建、村务公开、村务管理等实行"智慧"管理，一举从"软弱涣散村"转变为"无信访村"。龙游县委、县政府充分借鉴吸收这一"草根创新"，汇聚民情民意、民生需求，形成以微信公众号应用前端和电脑、手机钉钉管理后端"一号两端"为主架构的智慧治理体系，通过信息收集发布、网络在线服务、掌上电子办公、线上即时沟通、后台推送流转，实现村级事务信息动态交互式管理。

　　从2017年开始，龙游县全面推广"村情通"，形成党建、平安、管理、服务、信用等五大体系，覆盖全县262个行政村，农村群众关注超过20.23万人（其中实名认证11.62万人），占全县农村人口的72.9%，实现村村通、户户联、人人用。在"村情通"成熟应用基础上，2018年5月，拓展完善推出面向10个社区的"社情通"以及面对2个工业园区企业提供点对点、面对面服务的"企情通"。龙游县按照"党建统领、群众路线、智慧治理"思路，以打造"枫桥经验"升级版、"三民工程"智慧版为愿景，"村情通""社情通""企情通"三通合一，融合成覆盖全县域的"龙游通"，形成"龙游通＋全民网格"模式，初步实现覆盖全县域、多领域的大智慧、大综合、大治理格局，有效破解基层组织作用发挥难、村情民意掌握难、群众办事诉求难、参与治理难、脱贫致富难等难题，走出一条低成本、可复制的基层共建共治共享治理之路。龙游县连续10多年被浙江省委、省政府授予"平安县"荣誉称号，被中共中央政法委员会命名为"全国平安县"。

73. 小微权力清单制度是如何助力清廉乡村建设的?

　　宁海县是村级小微权力清单制度最早的探索者、实践者。早在2014年,中共宁海县纪律检查委员会就会同全县20余个涉农职能部门,专题研究村级组织和村干部权力事项,将上百项的村务工作相关制度文件浓缩成"36条"制度,规定很具体,包括村级重大事项决策、项目招投标管理、资产资源处置等19条集体管理事项和村民宅基地审批、计划生育审核、困难补助申请、土地征用款分配等17条便民服务事项,基本实现村级权力全覆盖。通过梳理规范村级组织和村干部的权力清单,并逐条绘制出运行流程,强化关键环节监管,把小微权力关进制度的"笼子"。在推动清单规范运行上,对清单事项、调整程序、落实执行、监督考核、保障措施等内容做出明确规定,推动清单制度运行有章可循。在完善监督评价机制上,明确清单事项的监督主体、监督对象、监督方式等,形成群众监督、村务监督委员会监督、上级党组织和有关部门监督的监督体系。2018年,宁海县推出了"36条"升级版。新版"36条"最大的特点是,运行流程图将如何办事交代得更明白、更清晰,让群众享有一次性告知、限期答复、按时办结等权利,老百姓只要"看图动嘴",干部就会"照单跑腿"。小微权力清单制度通过公开透明化、权力约束、民主监督、制度建设、法治化推进等方式,助力清廉乡村建设。推行村级小微权力清单制度这一乡村治理经验写入了2018年中央1号文件。

| 74. 什么是"后陈经验"?

2004年6月18日,金华市武义县后陈村通过村民代表会议,选举产生了全国第一个"村务监督委员会"(以下简称监委会),随后表决通过《村务管理制度》和《村务监督制度》,开展村务公开和民主管理的监督工作。以一个机构、两项制度为框架的监委会制度诞生,这一制度被称为"后陈经验",实现了村务监督机制、监督体制上的重大创新突破。2005年5月,结合村级组织换届,全县所有行政村建立监委会,并在金华市全市范围内推广。2005年6月17日,时任浙江省委书记习近平在考察后陈村时指出,这是农村基层民主的有益探索,是积极的、有意义的,符合基层民主管理的大方向。2008年3月,浙江省委、省政府出台《关于建立健全村级民主监督组织、加强村级民主监督试点工作的意见》,在全省推行监委会制度。2010年,这一基层民主管理的制度创新被写进《中华人民共和国村民委员会组织法》,从"治村之计"上升为"治国之策"。2017年11月,中共中央办公厅、国务院办公厅出台《关于建立健全村务监督委员会的指导意见》。2019年中央1号文件明确指出:全面建立健全村务监督委员会,发挥在村务决策和公开、财产管理、工程项目建设、惠农政策措施落实等事项上的监督作用。

| 75. 什么是农村工作指导员制度？

农村工作指导员制度是习近平同志在浙江工作期间亲自倡导、亲自部署、亲自推动的一项重要制度。

2003年12月，时任浙江省委书记习近平在省委十一届五次全会上创造性提出，从各级机关挑选一批党员干部下农村，基本实现全省每个行政村都派驻一位农村工作指导员。2004年1月，习近平同志在全省农村工作会议讲话中作出明确部署，从2004年开始，在全省全面建立机关干部驻村指导员制度。从各级机关挑选一批高素质的党员干部下农村，担当起农村政策宣传、上下信息沟通、群众信访调解、农民致富服务、组织建设督导等职责。2004年3月，浙江省委办公厅、省政府办公厅下发《关于建立农村工作指导员制度的通知》，对农村工作指导员的主要职责和任务、选派工作和管理工作进行了具体部署。

20年来，浙江省一张蓝图绘到底，持续推进和深化农村工作指导员制度，全省先后共有46万余名农村工作指导员扎根基层，团结广大干部群众，共同绘就了一幅幅村美人和共富的精彩画卷。农村工作指导员制度已成为提升农村基层组织建设、改善干群关系、促进农村经济社会发展、培养优秀干部、加强党对"三农"工作领导的重大举措和重大工程，正在持续深化"千万工程"、推进乡村全面振兴、助力农村农民共同富裕的新征程中焕发出勃勃生机和活力。

五

·典型案例篇·

余村：深入践行"绿水青山就是金山银山"理念

2005年8月15日，时任浙江省委书记习近平考察湖州安吉余村，首次提出了"绿水青山就是金山银山"理念；2020年3月30日，习近平总书记再访余村，指示要坚持走可持续发展之路，把生态效益更好地转化为经济效益和社会效益，推动乡村经济、乡村法制、乡村文化、乡村治理、乡村生态、乡村党建全面强起来，让乡亲们的生活芝麻开花节节高。在"千万工程"的推动下，余村成功实现了从"绿水青山就是金山银山"理念发源地到"宜居宜业和美乡村"示范地的跃迁，成为践行习近平生态文明思想的精彩样本，展现出中国式农业农村现代化的光明前景。2022年，余村村集体经济收入达1305万元，村民人均年收入达6.4万元。

（一）重塑山水人文，打造全域美丽的环境基础

20年来，余村以习近平同志"绿水青山就是金山银山"理念发源地的政治自觉，对生态环境和人文环境进行了渐进式、全方位改造。一是不断修复自然生态，提升环境承载力。逐步关停矿山和水泥厂，复绿裸露的山体和荒土；对水库进行清淤和坝基巩固；整治修复河道、岸坡；保护古银杏树和耕地土壤等。二是不断改善人居环境，提升村庄美丽度。根据村庄规划，统一建房标准；修路，拆除违建房屋，迁坟，改建、修缮房屋外立面，采用"垃圾不落地"新模式等。2016年，余村荣获中国美丽乡村精品示范村荣誉称号，成功创建国家3A级景区、全国美丽宜居示范村。三是不断加强基础设施建设，提升公共服务力。建起生活污水处理设施；建成新的村委综合楼及文化广场；建成"两山"会址公园、"两山"文化展示馆等景点。"两山"景区成功创建为国家4A级景区，营造出山川秀丽、村庄洁美的全新环境。

（二）摆脱路径依赖，发展低碳高效的美丽经济

一是培育多元高效的美丽业态。支持村民发展农家乐和民宿，开办水上漂流、户外探险露营项目；通过多次集中的土地流转，发展生态农业和林下

经济；举办各种会务培训、文化娱乐等活动，实现了从"卖石头"到"卖风景"和"卖服务"的产业升级。二是推进一二三产业融合发展。依托创意田园、林下经济、青创农场等农业产业，结合研学旅游和生态旅游，形成了"生态种养＋乡村旅游＋研学观光"的"三产融合"模式。三是推动村民与村集体共同增收。通过政策引导和激励举措，鼓励村民创业和改善经营管理，稳步增加村集体经济收入。全村280户已有1/2的户主当起了小老板。据统计，2005—2019年，余村人均收入增长了5倍多，村集体经济收入增长了6倍多。

（三）强化主体精神，构建充满活力的治理格局

一是坚持红色党建引领。将党建工作融入村庄建设、环境治理、经济发展、管理服务等具体工作，村党组织形成了强大的凝聚力、号召力和战斗力，引领余村不断突破快速发展。二是丰富协商民主内涵。形成了"让村民参与村务，有事好商量"的优良传统，顺利解决了诸如关闭污染矿山、水泥厂、家庭作坊，拆除违建房屋，土地流转等大小矛盾。2017年成立的"两山议事会"，作为村民新的自治平台，有效发挥出老干部、老党员、村民代表、妇女干部等骨干的作用。三是推进"四治"不断融合。坚持党建引领、自治为基、法治为本、德治为先，形成了"支部带村、发展强村、民主管村、依法治村、道德润村、生态美村、平安护村、清廉正村"的"余村经验"。2019年，余村荣获"全国乡村治理示范村"称号，"余村之治"的经验被全国推广。

（四）引入九大场景，创造面向未来的美好生活

通过邻里、健康、文化、产业、风貌、交通、低碳、治理、智慧九大场景建设，不断满足百姓多元化美好生活的需求。在现代设施等环境建设"硬件"方面，按照双向车道的标准建设村内主干道，基本形成"5分钟出村、10分钟入乡镇、15分钟进县城"的交通出行网；公共服务设施配套大提升，建设乡里中心、居家养老中心、幸福驿站智慧养老（公益）服务中心、书房、智慧健康小屋、室内运动中心、室外运动空间等公共服务设施，满足群众公共文化生活需求；农村生产生活环境大改善，成功创建国家级林下经济示

范基地，农村生活垃圾分类覆盖率达到100%。在现代化的软环境建设方面，着力打造乡村数字化应用场景，建成余村数字化智慧服务平台，跨部门打通"安心享""两山智选"、智慧停车等27项数据。举办多彩文化活动，共建精神家园，组建"两山"腰鼓队、舞蹈队、篮球队等多支文化队伍，连续举办6届余村"村晚"，丰富了群众文化生活。开发"两山"理念大讲堂教育平台，探索"生态文明建设＋互联网＋全民终身学习"新模式，持续推动乡村功能匠手和高素质农民培育。

梅林村：从"千万工程"重要源起地到未来乡村新探索

梅林村是浙江省"千万工程"重要源起地。2002年12月15日，时任浙江省委书记、代省长的习近平莅临梅林考察，提出"要建设一批标准化、规范化、全面发展的，在全省乃至全国都叫得响的小康示范村镇，为我省农村全面建设小康社会，进而实现农业农村现代化提供有益的借鉴和成功的经验"，由此浙江开启了"千万工程"的生动实践。梅林村村域面积1.88平方千米，现有农户629户，户籍人口2382人，耕地面积1748亩。2022年，梅林村集体经济收入总计729万元，与2002年的183万元相比增长298.4%，农村人均可支配年收入达60002元，与2002年的9696元相比增长518.8%，实现了村集体和农民"双增收"、强村和富民"双促进"。梅林村已先后获得浙江省未来乡村、浙江省美丽乡村特色精品村、浙江省3A级景区村庄、浙江省数字社会系统"最暖家园"等荣誉，入选浙江省乡村振兴十佳创新实践案例。

（一）推进美丽乡村建设，围绕绿色低碳，实现人与自然和谐共生

一是做减法，强化空间盘整。以生活、生产、生态"三生融合"为主线，全面推进梅林村拆违整治行动，拆除违建面积5.52万平方米，增设停车位、公共厕所和绿化空间；拆除256户老旧围墙，打造农户庭院围墙降高透绿。洁化、序化、亮化、美化，打造和谐人居环境。

二是做算法，打造低碳生活。把倡导实现"碳达峰""碳中和"作为全村发展现实需求和生态理念，把低碳技术植入乡土风情，以"125"为目标，即一个双碳能源平台、两大发力方向（未来能源方向和未来生活方向）、五项应用场景（未来工厂、未来出行、零碳建筑、未来民居、未来驿站），拓展乡村振兴新方向，形成低碳场景梅林模式。通过发展光伏发电、智能灯杆、垃圾利用、清洁能源等途径满足居民群众的日常生活需求，助力未来村庄发展。同时，通过制度重塑、理念引领，大力倡导绿色生态生活习惯，引

导村民移风易俗、爱护环境、植树造林，推进社会主义新风尚。

（二）实施数字乡村战略，构建数治体系，实现人与社会和谐共荣

一是围绕数字乡村，做实场景落地。依托一体化数字驾驶舱，聚焦百姓诉求和高频事项，不断深化数字体验，促进三个方式的转变，实现三生融合的提升，即以数字产业转变生产方式，以数字服务转变生活方式，以低碳发展转变生态方式，提升群众的获得感和幸福感。同时，梅林村根据自身特质，着重建设教育场景，陆续推出了浙江大学继续教育培训现场教学点、乡村运营培训实训基地、乡村青少年宫、中小学生研学教育基地、原乡民新村民教育培训，并根据实际需要逐渐形成线上线下同步推进的局面。

二是把握"数字乡村＋共同富裕"的引领方向。梅林数字化建设走办事服务均等化、城乡发展一体化的共同富裕道路，遵循"一体化、大集成、可复制"的理念，聚焦"五大集成"（数字基建、数字服务、数字生活、数字产业、数字治理），做实数字场景。通过区级赋能，推进成熟场景、赋能场景、创新场景三大类共50个数字应用场景的落地实施，特别加强对水、电、气、社保、医疗、教育等公共服务的数字化集成，推进"互联网＋医疗健康"等体系建设，提高农村教育、医疗、社保水平。

三是系统构建"治理端＋服务端"的数治体系。通过构建镇、村、户三级体系，搭建了以一体化数字驾驶舱为治理端，以"沥家园"掌上平台为服务端的基层治理体系。透过"小切口、大场景"提升村民活跃度，上线智慧慈善应用、全民健康红黄绿数字化管理模块、未来乡村双碳能源模块、乡村治理一网统管等平台，大大提升治理效能。

（三）谋划未来乡村样板，促进产业兴旺，实现和谐共富

一是围绕共同富裕，践行人本理念。打造了占地13亩、建筑面积1.5万平方米的邻里中心、乡创中心、集成窗口中心，全面集中展示未来乡村"五化十场景"的落地情况，呈现浙江省首个村级"共同富裕"指标评价体系、浙江省首个村级共富展示馆、浙江省首个村级电力（低碳）驿站、浙江省首个村级青少年分宫、浙江省首个乡村"未来居"展厅、浙江省首个智慧慈善工作站、浙江省第一批数字社会未来教育重点场景先行建设单位。

二是推动项目发展，振兴乡村经济。以绿色生态为线，按照"互联网＋特色农业"深度融合的要求，盘活40亩工业用地、20亩爱迪尔老厂及1万平方米存量厂房，招引现代农业和数字化智能制造产业；流转531户共1120.87亩土地，建设数字观光农田，探索"公司＋农户"模式，实现数字化溯源，以数字农业为增长极，一二三产融合发展，形成多产业优势互补、共同发展的经济新格局。

三是联动发展，促进共同富裕。成立"1+4"大梅林共富联合体（以梅林村为核心，辐射八里桥村、张潭村、山北村、车路湾村等4个行政村），按照抱团发展的原则，由5个行政村的经济合作社出资，合股成立大梅林强村公司，邀请具有成功经验的专业第三方团队实施帮带运营。强村公司从现有资产开始运营，逐步扩大到五村整体产业联动、片区运营。重点做好"农"字文章，以稻为源，植入数字农业，以现代农业科创为抓手做大产业，实现村集体和村民的收益"双增收"。

李祖村："千万工程"显著成效的一个缩影

2023年9月20日，习近平总书记在李祖村考察调研时指出，李祖村扎实推进共同富裕，是浙江"千万工程"显著成效的一个缩影。李祖村位于义乌市西北部，由李祖、新屋两个自然村组成，全村占地面积约1400亩，耕地面积343亩，居民322户，党员38人，常住人口708人。李祖村利用美丽乡村建设规划，深入挖掘李祖乡村特色和活力，打造中国"一带一路"国际乡村生活综合体。围绕"国际创客村"IP定位，从村容村貌整治入手，以生态田园为底蕴，村"两委"带头、村民参与、团队入驻，聚力打造了一个以创客为主题和核心动力的未来乡村。村民人均可支配年收入从2003年的不足5000元升至2022年的5.2万元，村集体收入也从1.1万元涨到268万元。李祖村先后获得了浙江省全面小康建设示范村、浙江省农村基层党风廉政建设示范村、全国妇联基层组织建设示范村、浙江省卫生村、浙江省"平安家庭"创建活动示范社区（村）、全国绿色村庄、浙江省民主法治村、浙江省3A级旅游示范村、浙江省美丽乡村精品村、国家森林乡村、浙江省美丽宜居示范村、全国文明村镇等多项荣誉。

（一）以改造农村人居环境来提升乡村营商环境

积极实施乡村建设，全面开展道路硬化、路灯亮化、卫生洁化、家庭美化、环境优化等"小五化"建设，完成村庄基础环境整治。实施"六个头"攻坚行动，大力实施美丽庭院创建、危旧房整治、美丽田园建设、黑臭河治理、三线入地、坟墓搬迁等举措，村庄面貌焕然一新。对村庄实行了全方位立体规划，按照城乡统一标准打造和美乡村八大场景十二项标配，先后建成了党群服务中心、电商物流服务站、金融服务网点（丰收驿站）等，持续提升村内教育、医疗、交通、物流等公共服务水平，让村民足不出村就能享受到媲美城市的公共服务。人居环境的改变大大优化了乡村营商环境。

（二）村民共创共营激发内生经营活力

以众筹等方式引导村民进行自主创业，激发村民主动化身创客、投身众创。由村集体带头，组织30位村民众筹50万元，共同创办了"豌豆花乡厨"，仅用半年就收回成本，实现股东分红。创新设立"强村公司"，对村内古建筑、闲置农房、闲置宅基地等资源进行整合，改造提升后统一招商，打造村内产业群。目前，村里产业发展用房已超1.2万平方米，发展了"妈妈的味道"美食街、十亩时光共享营地、生机花园等一批产业项目，带动100多位李祖村村民和周边村民"家门口就业"。

（三）市场化专业运营再造乡村价值

李祖村成立农创客发展联合会，启动农创园建设，推出集创业指导、产业孵化、电商培训、金融法律服务等于一体的"众创空间"，通过培训考察、座谈研讨、农创大赛等形式，为农创客提供成长孵化系统方案。同时，通过打造"有礼的祖儿"村庄品牌、建立"云上李祖"线上农创平台，不断优化完善农村创业创新体系，为李祖村持续发展注入强劲生命力。试点职业经理人运营模式，"招引"第三方运营开展统一招商、产业孵化、活动策划、宣传推广等，先后吸引50多家创客来到李祖村创业，持续优化村内业态，提高整体竞争力。在专业团队的运作下，创客从"单打独斗"到抱团发展，以农耕体验、文化体验为主要内容的李祖周末亲子研学项目获游客热捧，累计接待学员超30万人次，吸引200多位创业人员，带动创业就业村民人均月增收约2500元。

鲁家村：落实"千万工程"部署的模范生

2018年9月，浙江省"千万工程"荣获联合国"地球卫士奖"中的"激励与行动奖"，鲁家村作为村级代表去领奖，这是对鲁家村多年来"千万工程"具体工作落实的认可。鲁家村位于安吉县东北部，全村总面积16.7平方千米，人口数为2200人。2011年，鲁家村启动美丽乡村建设，2017年12月被国家发展改革委等7部委批准为首批农村产业融合发展示范园创建单位，2018年1月被评为全国十佳小康村。鲁家村年集体经营收入690万元，村民人均年收入5.1万元。

（一）以环境改善为抓手，从田园迈向花园

鲁家村实现贫困村"逆袭"得益于多年来环境改善的红利释放。一是坚持以人民为中心，开展环境整治。2011年，鲁家村正式启动美丽乡村建设，经过5年的集中规划建设，村庄"化茧成蝶"。实施了"村庄美化、道路硬化、庭院绿化、村组亮化、水源净化"等"五化"工程，开展了农村生活污水的治理，13个自然村、16个村民小组建设了24个污水处理终端，610户村民的污水全部纳管。二是坚持绿色发展，创新绿色产业。坚持"环境造就产业"发展思路，不为单纯改善环境而改善，而是在不断谋求产业发展的过程中持续推进人居环境改善，不断寻求产业发展和人居环境改善的高度契合。引进工商资本，创造性地实施"公司＋村＋家庭农场"的经营模式，建成法睿之境·森活农场、盈元农场、万竹农场等，同时全部清退那些"低散乱"的小作坊。三是坚持景区化打造，改善人居建设。做好顶层设计，完成了"一湖三中心"（鲁家湖、游客集散中心、文化中心、体育中心）基础建设；突出"村在景中、景在村中"的观念，对村庄节点布置、景观小品设置、空间布局等景观进行打造。

（二）以乡村经营为手段，促进产业融合发展

把一二三产业进行共融，把生活、生产、生态串起来一同发展，用活全

村的生态、土地等资源，让全村村民参与到经营中来，让绿水青山渐渐转化成金山银山。一是利用优势位置发展农场经济。依靠比较好的低丘缓坡优势，鲁家村部分村民办起了养鸡场、蔬菜种植场、茶叶等家庭农场，为鲁家村后来发展家庭农场奠定了产业基础。2013年中央1号文件提出鼓励和支持承包土地向专业大户、家庭农场、农民合作社流转后，鲁家村开始精品示范村的创建。二是强化招商引资，助推农旅融合发展。2015年1月启动招商，共引入市场资本20亿元以上。通过招商，"岭上家园""云上乐园""溪上田园"等系列"农业+"的特色休闲度假项目纷纷破土而出，助推农旅融合发展。三是差异化经营定内容。围绕家庭农场发展的承载量和生态有机的发展方向，在综合考虑了当地特色、业态需求等要素后，确立了18个特色鲜明的家庭农场主题，农场间优势互补，共同发展。

（三）以模式创新为突破口，推进共建共享

构建了"公司+村+家庭农场"共建共赢的经营模式，将美丽环境转变为美丽经济。一是将资本变股权。村里将上级部门项目投资和美丽乡村建设补助资金全部转化为资本，持有乡土公司部分股份，其余股份寻求实力雄厚的旅游经营公司合作。二是将农民变成股民。通过"公司制"运作，由村统一向村民流转土地，整理后"招引"农场入驻，公司投资公共设施，并负责具体运营，农场自主建设。2014年村民持股每股价值375元，到2018年每股价值2.55万元，再到现在每股3.2万元，增值近85倍。村民收入来源除村集体经济分红外，农户土地流转租金每年每户约8000元。三是实行统分结合。进一步厘清村集体和村民、工商资本和农户共建共享关系，村集体通过财政项目资金转化为股本金，实行"统分结合，双层经营"理念保证鲁家品牌统一性和市场经营的灵活性，实现了资源的有效整合。村民人人拿"三金"（租金、薪金、股金），体现村集体和村民共富新成效。

仙潭村:"两进两回"助力美丽经济大发展

仙潭村是一个位于德清县莫干山北麓的偏僻小山村,村域面积11.8平方千米,下设15个村民小组,总人口1968人,其中劳动力1023人,拥有水田792亩、林地1.44万亩。仙潭村从2003年起先后实施了全面小康示范村建设、和美家园建设、美丽乡村升级版建设、未来乡村建设,从村庄环境整治到美丽乡村建设,再到村庄经营,努力探索绿色发展共富新路子。先后获国家3A级景区、国家级休闲乡村、浙江省旅游特色村、浙江省级善治示范村、浙江省级文明村、全省第一批未来乡村等荣誉。2022年,村集体经济总收入超250万元,村民人均可支配收入达46500元,接待游客超14万人次,直接经济收益达7813万元。

(一) 美丽乡村激活美丽经济

仙潭村是浙江"千万工程"20年成效的一个缩影。在经过一系列改水、改厕、改路等乡村环境整治和乡村建设后,原先穷乡僻壤的仙潭村焕发了勃勃生机和活力。乡村山水田园风光、民俗风情、乡村文化彰显出了独特经济、生态、文化以及美学等价值,乡村承载了让城市人向往的新鲜食材、清新空气、优美自然、恬静生活,成了都市人诗和远方的栖居地,这些乡村绿色资产进一步激活了乡村旅游、民宿、康养、研学等新型业态的发展,促进了宜居宜业和美乡村的实现。这就是中国式农业农村人与自然和谐共生的现代化,是践行"绿水青山就是金山银山"理念的现代化。绿色发展新产业形态代表着我国乡村后工业化时代的一个重要趋势和方向,彰显出"改善生态环境就是发展生产力"的实践伟力。仙潭村的民宿从几家农家乐增长到166家民宿,有大大小小餐厅14家、咖啡馆7家、帐篷营地3家,300多套闲置农房得到了盘活,回乡建设家园资金达4.5亿元,仙潭村成为名副其实的"民宿村"。

（二）青年回乡铸就乡村新引擎

产业发展是乡村振兴的基础，人才是产业发展的关键。仙潭村产业兴旺的一个重要因素是在外经商村民青年的回归，青年带来了乡村发展的活力。民宿、乡村旅游等新型产业业态的经营不同于传统农业产业，这是面向新型消费群体的新的经营方式。乡村美好的前景吸引着原本外出本乡人的回归，也吸引具有活力的创业创新精神的大学生群体加入，乡村新产业、新业态成为年轻人创新创业的新热土、新空间，166家民宿中有140多家是本村人回来开办。大学生纷纷回乡创业，人才回来了，创新和先进的理念也带回乡村了，民宿的营销从过去的守株待兔变成了现在的主动出击，依托互联网经济，在旅游平台上设立了自己的民宿板块，通过运营后的大数据分析，找到每家民宿的客人来源地、年龄层次、消费需求，再来做系统的宣传引流。仙潭村成立返乡创业协会、民宿协会、民宿工会、妇女联合会等社会组织，把这些创业者紧紧地团结在一起，交流分享，共同发展。

（三）共创共建共绘美好未来

仙潭村升级宜居宜业和美乡村建设，实施了一批水系连通、休闲乡村、智慧物流、智慧健康小屋等工程，村民在村里就可以享受高品质的生活。创新"微网格"治理机制，乡村治理更加精细化，村民办事更加方便。村民文化活动不断丰富，成立舞龙队、舞狮队、锣鼓队等民间文化团体，开展闹元宵、旗袍秀等民俗活动，组织民宿业主和本村能人筹资举办百寿宴、发红包等爱心活动，村干部、创业者和村民的关系越来越和谐。推进共融发展的"大仙潭"建设，通过"平台共建、资源共享、产业共兴、品牌共塑"推进区域联动发展，仙潭村、南路村、四合村3个行政村与县文旅集团共同组建公司，以3个村资源共享共创模式，盘活闲置资产，引进新业态，打造了文杏里书房项目、仙潭美术馆项目、大白熊国际户外自然体验中心项目、大地艺术项目等一批具有未来乡村生活美学的文旅新业态。一个充满生机和活力的共富乡村美好画卷正在加速绘就。

小古城村：众人的事情众人商量

2005年1月4日，时任浙江省委书记习近平到小古城村考察调研，提出加强基层民主法治建设，服务好"三农"，并叮嘱村里的事情要大家商量着办，要发挥村民主体作用，建设美丽新家园。10多年来，小古城村牢记嘱托，充分发挥村党组织战斗堡垒作用，形成"议什么、谁来议、怎么议、议的效力"的"四议"工作法，探索出乡村治理新路子，有力推动了村庄发展。2022年，村集体经济可分配收入达1007万元，农民人均纯收入达5.2万元。

（一）多渠道收集议题，解决好"议什么"的问题

成立由村党委书记担任主任，组织委员担任副主任，3名德高望重的党员担任委员的村民主协商议事会，多渠道收集议题。"村民小组提上来"：每年春节后由各村民小组召开户主会，征求村民意见建议，提出当年组内群众最想干的"大事"。"1/4骨干力量摸上来"：通过党员、组长、代表等关键的1/4力量联户，联村干部"三服务"等，把群众意愿摸上来。"上级任务交下来"：上级党委、政府交办的重点工作、中心任务因地制宜转化成议题。"线上提议发过来"：建立"众议亭"微信公众号，方便村民特别是年轻人以及游客通过公众号向议事会发送意见建议。村民主协商议事会对收集的议题分类梳理，形成"协商菜单"。

（二）广纳贤扩大参与，解决好"谁来议"的问题

纵向7个网格各设立1个议事小组，横向建立百姓议事会、商事会、调解和事佬、创业分享会、圆桌畅聊会等5个议事平台，民主协商议事会根据议题内容或向网格议事小组派单，或向5个议事平台派单，真正做到"看菜吃饭、量体裁衣"。如大力推行的垃圾分类工作，由村民主协商议事会向各网格议事小组派单，议事小组通过召开户主会、圆桌畅聊会、指尖微信网评等协商方式提高垃圾分类的知晓率和准确率；通过协商创新"笋壳巧用计、精品区块音乐线计、房东责任计"等方式使垃圾分类在全村得以推广。2019

年，小古城村垃圾减量150余吨，下降幅度达38.6%。

（三）前中后环环相扣，解决好"怎么议"的问题

遵循大事大议、急事急议、小事小议的原则。协商之前，村民主协商议事会等组织提前5天贴出公告，让村民知晓协商会议的时间、地点、议题、初步方案，留出时间充分了解情况。协商当天，组织各方代表正式讨论。协商之后，提交户主会审议签字或村民代表大会决议，公示无异议后组织实施。

（四）全过程监督问效，解决好"议的效力"的问题

协商有结果了，但村民更在乎事情到底办没办好。村党委针对监督不够专业的问题，打造"3+X"型监督队伍，即"村监会3人＋专家、利益相关村民和其他热心村民"。如村属旅游开发公司在2019年5月下旬推出一条乡村振兴游线，这是一项壮大村级集体经济的举措，也是一项摸着石头过河的探索。大到费用怎么收、线路怎么排、讲解员怎么物色，小到宣传袋、宣传册制作等一系列问题，多次邀请有关部门、党员代表、村内旅游从业者、民食民宿业主等进行协商，并对是否有效落实进行监督。2022年，小古城村接待游客38.2万人次，村集体收入达1007万元，实现全村综合旅游收入4000余万元，孵化民食民宿15家，创造直接就业岗位320余个。

小古城村先后获得了全国民主法治示范村、全国文明村、国家级生态村、全国妇联基层组织建设示范村、全国"五四"红旗团支部、浙江省农村基层组织建设"五好先锋工程"党组织等80余项荣誉。

新宇村："三来领路"创新党建引领高效生态农业发展

2003年4月15日，时任浙江省委书记习近平同志赴新宇村进行实地考察调研，当天在余杭区主持召开"三农"工作座谈会，会上作出了"把发展高效生态农业作为提升浙江效益农业发展水平的主导方向"的重要指示，同时要求完善村党组织领导下的村民自治，团结和带领广大干部群众，夙兴夜寐，埋头苦干，坚韧不拔，开拓进取，努力开创农业和农村工作新局面，为全国"三农"工作提供有益经验。20年来，新宇村坚持"党建+高效生态农业"的创新思维，形成"三来领路"创新党建促乡村产业振兴的新模式，为高效生态农业发展保驾护航，为强村富民开辟新路。

（一）干部带起来，探索农业发展方式转变新路径

干部带起来，就是充分发挥村社党员干部的带头作用，在各项工作和活动中走在群众的前面，处处给群众作表率，不断推进农业发展方式转型朝着高效生态新型农业现代化方向发展。随着城郊型农业向都市型农业发展的战略性调整，新宇村党组织带领群众持续开展农业结构调优、调绿、调新，率先把支部建在产业链上，成立新科养殖有限公司，组建新宇村农业党支部，支部定期研究养殖生产技术等问题，组织专家现场指导。随着黑鱼、甲鱼养殖生态环境引发污染问题，村党组织大刀阔斧启动"两鱼"整治，村党组织带领群众二次创业，开展藕鳖套养等高效生态发展方式，破解生态不经济和经济不生态的难题，使全村变成远近闻名的特色美丽"荷花村"，临平区成为省级渔业转型发展先行区。

（二）党员冲前来，引领高效生态产业发展新示范

党员冲前来，就是充分发挥共产党员先锋模范作用，尤其在现代化的新产业、新业态经营中，让产业经营能力强的党员作表率，让群众有样可学、有钱可赚，使党员在群众中形成强大的感召力和凝聚力。通过党员示范带动，新宇村农业转型经历了从"种植村"到"养殖村"、从"黑鱼村"

到"荷花村"、从"农业村"到"景观村"的蝶变。逐渐广泛采用"藕鳖套养"的立体绿色种养模式，让每亩荷塘一年利润从3000元提升到12000元以上。高效生态"示范塘"的良好发展态势给其他村民吃下"定心丸"。同时"1+20"的带动方案，即1个党员联系20户养殖户，充分发挥了党组织和党员的引领作用，带动了农业综合整治工作的展开，创造了"零冲突""零上访""零障碍"村庄发展的奇迹。党员示范带动促进了乡村新产业融合发展，打造了"草莓君"特色主题农场，打造了"智慧＋体验"现代采摘农业模式，年引流超10万人；创新"共享农田""共享厨娘"模式，帮助周边老百姓增收近600万。同时，党组织发展方勇等为新农人代表，将这些产业能手、致富能人吸引到党的队伍中来，发挥党员模范带头作用，让党员带头的先锋模范标识更为鲜明。

（三）群众跟上来，推动农业经营主体新发展

群众跟上来，就是要充分发挥共产党员桥梁作用，党员深入践行党的群众路线，成为党组织与人民群众密切联系的纽带，以自身的模范带头把党的指示精神化为群众的自觉行动，让群众的利益和愿望落实为党的政策和决策。在党员干部的示范引领下，通过群众先进带后进、积极带被动，发挥群众创造性，深入推动高效生态农业发展。在向高效生态农业转变过程中，村干部、新农人等队伍不断扩大，家庭农场、农创客等不断成长壮大，种粮大户、专业合作社等新型经营主体不断成长，农业产业化经营、规模经营、集约经营进一步实现，土地产出率和产品附加值不断提高。同时，着力构建共商、共建、共治、共享的乡村共富新机制。深化"村党组织＋企业＋农户""村党组织＋合作社"等模式，创办莲藕"奶奶工坊"，带动周边160余名老人实现家门口就业，人均年增收1万余元。

新宇村"三来领路"模式把党建的政治优势、组织优势、群众优势转化为村、企、民共同发展新优势。通过党建引领，让"干部做出样子来"，让"党员冲到前面来"，让"群众跟着干起来"，让"村村、村企、村民更好联合起来"，形成高效生态产业发展下的共创共享共富的大合唱。

金星村：人人有事做，家家有收入

金星村位于钱塘江源头开化县的南部，是典型的浙西山区村。2006年8月16日，时任浙江省委书记习近平同志在华埠镇金星村调研时指出："人人有事做，家家有收入，这就是新农村。"十几年来，金星村坚定不移走红色传承、绿色发展道路，深入推进"千万工程"，大力建设美丽乡村，全力发展红色研学、绿色农业、乡村文旅等特色产业，持续拓宽村民致富路径，发展壮大村集体经济。2022年，金星村村集体经营性收入达到170万元，村民人均收入从2006年的不到6000元提高到4.3万元。

（一）建设经营美丽乡村，变"卖木头"为"卖好生态"

曾经的金星村"靠山吃山"，缺少生态资源保护意识，村里1万多亩山林历经砍伐后几乎都成了荒山。2006年，习近平同志视察金星村时嘱托要保护好古树，要保护好这一片青山绿水，特意叮嘱：这里山好、水好、空气好，将来通过山海协作，空气也能卖钱。十几年来，金星村始终牢记嘱托，持续修复与保护乡村生态，全村森林覆盖率由过去的不到50%上升到现在的98%，空气质量优良率常年在98%以上。金星村持续深化"千万工程"，提升人居环境，发展乡村休闲旅游产业，现全村有民宿、农家乐23家，年均接待游客达20余万人次。

（二）发展生态特色农业，变"一片绿叶"为"致富金叶"

金星村拥有茶叶生长得天独厚的自然条件，茶叶种植一直是村民主要经济来源之一。但金星村茶园面积小、产业集中度低、经济效益差，如何发展壮大茶产业一直是个难题。2008年，抓住林权制度改革契机，将近万亩山林确权到户经营，村"两委"干部带头承包土地，带领村民种植龙顶茶。目前，全村有名茶基地1000多亩、茶叶加工厂5个，茶农发展到300多户，98%以上的农户都种起了茶，仅名茶一项每年就为全村带来700多万元收入。

（三）发扬红色资源优势，变"一村富"为"片区共富"

"党建红"一直是金星村最鲜明的底色，也是做好一切工作的基础。近年来，金星村通过传承和发扬党建文化助推产业振兴，大力发展党建培训、研学旅游等产业，开发"银杏树下话党恩""金星一课"等精品课程，讲好金星故事、传承红色根脉、推广发展经验，每年承接各类培训班300余批次，为村集体带来近百万元收入。村民参与培训项目相关工作，实现家门口就业，培训项目还为村里的民宿、农家乐带来丰富客源。同时，金星村与周边3个村结成共富联盟，共同推动共富游船、共享庭院、党建培训等"共富产业"发展。2023年，"大金星"各村平均集体经营性收入达到61.24万元，同比增长13.8%。

火炬村："四改联动"促进强村富民

秀洲区新塍镇火炬村创新实施村居集成改革、土地集成改革、经营集成改革、数字集成改革"四改联动"，全力打造共同富裕现代化基本单元。2016—2021年，火炬村级集体经济从185.32万元增长到713.24万元，村民人均年收入从2.56万元增加到5.33万元，翻了一番。

（一）实施村居集成改革，以居民城镇化推动社区现代化

以空间布局优化、宅基地改革、未来村社等村居集成改革为抓手，加快城镇化进程，全力打造具有浓郁现代气息和江南水乡特色的示范性现代社区。火炬村作为全域搬迁点，严格落实村镇规划布局以及"多规合一"村社规划，按照群众意愿集中分流到靠近城区的现代社区。高效推进宅基地自愿有偿退出，以公寓房安置、货币补偿等方式，分类开展宅基地有偿退出，村民自愿退出宅基地占比高达98.4%，从1.1亩的户均宅基地变为0.35亩的公寓房占地，节余建设用地425亩，节地率高达68%以上。按照城市商品住宅小区的标准来打造新社区，为村民建设"永久性"家园。户均拥有安置房3套、面积近300平方米，既全面改善村居条件，又大幅增加农民财产性收入，户均每年增加房租收益超4万元。

（二）实施土地集成改革，以资源集约化推动农业现代化

开展并全面完成全域土地综合整治。将碎片化耕地集中为连片"万亩方"高标准农田，实现田成方、路成网、树成行、渠相连。火炬片区土地面积从零散的1.98万亩增至连片的2.37万亩，新增农业"标准地"2800余亩。实行"土地股份＋集中流转"模式。实行农户承包经营权股份制改革，组建火炬村土地股份合作社，按"定量不定位"方式将整治后的新增耕地量化到户、明确股权，承包经营权证换成股权证，实行"保底＋分红"分配。用二产的理念发展农业。以"万亩方"为基础布局建设农业经济开发区，引育7家新型农业主体，组建省级稻米产业化联合体，实现稻米种业、种植、加

工、销售全产业链社会化服务，种管收烘全程机械化，工作效率提升5倍，亩均效益提升380元。

（三）实施经营集成改革，以要素市场化推动发展现代化

让资产变股权，深化集体资产股权活化机制，开展村集体经济组织成员身份确认试点，实行农村集体资产股权有偿转让或退出，完善村集体收益分配制度，启动集体经济收益股份分红。2021年，火炬村各户均参与集体收益分配，首次分红58万元。率先实施"股权分红＋积分奖励"分红模式，将经济收益与积分管理挂钩。让"飞地"抱团变抱团共富，组建"强村公司"，推进"飞地"抱团，建设总投资6.5亿元的村级抱团产业园，火炬村以集体资金形式入股1000万元，保底收益回报率10%。让美丽田园变美丽经济，将火炬村"万亩方"与潘家浜国家3A级旅游景区联动打造，融入农业科普、农事体验、农耕文化展示等板块，串点成线连片打造"近悦远来"的高水平美丽田园样板，实现农田变景观、美丽田园变美丽经济。

（四）实施数字集成改革，以组织精细化推动治理现代化

构建精密"智治网"。依托"市域社会治理大脑"，将人、事、地、物、组织等社会治理全要素精准落图，叠加"耕地智保"、微嘉园、流动人口码上服务等应用场景，形成"智慧火炬云平台"基层治理系统，实现数据"一屏展示"、指令"一键直达"。构建贴心"服务网"。坚持以居民需求为导向，健全完善社区服务体系，对全域土地整治搬迁进城的农民实行居住地登记备案，户口保留在原农村户籍地、原有权益不受影响，并享受居住地社区全生命周期公共服务，实现"无感进城"。基本医疗保险实现全覆盖，优质医疗资源精准下沉、全面共享。构建高能"组织网"。深化"网格连心、组团服务"，建立"社区大党委－党建联盟－社区党组织－家园支部－微网格党小组"党建统领体系。

缪家村：走在前列、作好示范，建设共富和美新农村

2008 年 10 月，习近平同志到嘉善县缪家村实地调研，并提出"走在前列、作好示范"的殷切嘱托。10 多年来，缪家村牢记嘱托，聚焦幸福共美、幸福和美、幸福甜美目标，探索绿色生态筑富、全域规划引富、头雁能人带富等共同富裕实践路径，打造富有江南韵、文化味、现代化的社会主义新农村。2022 年，村集体经济收入达 1480 万元，农民人均纯收入达 5.6 万元。缪家村两次荣获全国先进基层党组织，先后获评全面小康建设示范村、美丽乡村精品村等省级以上荣誉 25 项，成为全国学习推广"千万工程"现场考察点。

（一）突出"生态底＋规划引＋头雁领"，夯实幸福共美基础

一是绿色生态筑富。深化"千万工程"，融合水乡、花海、农庄的江南底色，落实美丽乡村、美丽河堤、美丽农田等 6 个美丽工程。年均实施微改造精提升标志性项目 20 个以上，建成 10.4 千米碧水绕村河道，打造 13.6 千米甜蜜花海风景线，形成田成片、花成海、路成网、水成镜、村成景的全域美丽大底板，创成浙江省 3A 级景区村庄，获评省级美丽乡村特色精品村。二是全域规划引富。整合村庄整治规划、产业发展规划、土地整治规划，编制《缪家村土地利用规划》，围绕"规划""拆旧""建新"三大重点，对"田水路林村居业"进行全要素、全手段、高效益整治，促进存量土地挖潜盘活。明晰村庄发展目标，保障村民住房、设施、产业发展用地需求，形成"田镶玉"空间布局，实现生产、生活、生态"三生"融合。三是头雁能人带富。实施"头雁领航"，常态化举办长三角"V30"村党支部（党委）书记论坛，每年组织村干部领办共富项目，开展擂台比武，亮晒工作实绩，提高带富能力；实施"能人带富"，"全国劳模""共富先锋"、海归"创二代"等一批致富能人创业创新、反哺家乡，吸纳近 1/4 村民实现本村就业，以先富带后富。

（二）依托"改革经＋智治网＋文化韵"，促进幸福和美转型

一是集成改革创富。作为国家级农村综合性改革试点核心区，缪家村

在全国首创全域土地综合整治、全域农田规模流转、全域农房有序集聚的"三全"集成改革，激发农村资源要素活力。净增高标准农田2144亩，打造2500亩全域土地综合整治样板区；累计流转面积4637亩，流转率98%以上；推动宅基地置换、公寓房安置、保留点优化，集聚农户1026户，集聚率高达98.8%。二是整体智治安富。打造数字化公共服务平台，建设"5G+"数字乡村应用示范项目，打造智慧治理、数字农业、智慧旅游等场景应用，促进公共服务现代化、管理数字化以及生态旅游智慧化。打造"五朵云"社会治理服务体系，建立民情民事"秒接快办""红色代办"工作机制，形成问题"收集—交办—反馈"闭环。2022年，"五朵云"平台共化解信访问题35件，收集办结群众问题诉求329条。三是勤善文化润富。建立包含孝老敬贤星、邻里和睦星等的"九星十美"评创体系，形成人人积极参与、户户踊跃争创的文明乡风。建成省级五星级文化礼堂、幸福广场等高品质文化阵地。2022年，缪家村承办"亿里福杯"幸福荧光跑活动、县"善文化"节等群众文化活动50余场，城乡一体的服务优享模式入选全省未来乡村建设十大模式。

（三）推动"产业兴＋抱团暖＋口袋鼓"，实现幸福甜美迭变

一是多元产业聚富。着眼村级产业发展，培育碧云花园、现代农业产业园、歌斐颂巧克力乐园等"美丽经济"新业态，建成2个国家级4A景区，形成"春游巧克力小镇、夏观碧云花海、秋收华神甲鱼、冬临文松醉氧"的"三产融合、四季共享"全周期产业链。拓展民宿露营、共富工坊、农创集群等"美丽经济"转化增收路径，2022年，"美丽经济"转化收入近400万元。二是飞地发展促富。打造"县域统筹、跨村发展、股份经营、保底分红"为主的"飞地抱团"发展模式，通过"土地＋资金""强村＋弱村"整合分散土地指标，加快村级经济要素潜能释放。成立"强村公司"，入股投资2350万元，与县内22个村、九寨沟县、庆元县抱团，在镇级"金边银角"区域联建中德生态产业园，目前已引进优质外资项目及科技人才企业12家，村集体每年可获分红235万元。三是创业创新增富。构建以优结构、拓空间、补短板为一体的农民收入结构引导机制，形成推动农民增收的薪金、租金、股金、福利金、养老金、创业金"六金"模式，目前累计实现村集体分红1600万元。

光明村：集体经济公司化改革"光明"之路

　　光明村位于临安区於潜镇天目山脚下，村域面积约3.9平方千米，耕地面积1426亩，山林面积5320亩，下辖21个村民小组，全村480户，总人口1364人。2017年以前，光明村每年的集体经济收入来源主要为茶山承包的2.5万元，村级债务达263万元。光明村搭上"公司化改革"的快车，成立临安首个集体经济有限公司，探索出一条通过公司化改革助力村集体经济发展的新路子。2022年，光明村集体收入达到375万元，是2016年以前集体经济收入的102倍，农民人均可支配收入达4.5万元。

　　（一）资源变资本，让沉睡的农村资源变为村集体经营的资本

　　雷竹产业曾是光明村农民致富的山宝，因连年耕作退化严重，经济收入逐年降低，村民迫切希望转型发展。2017年，村干部响应群众呼声，流转退化竹林350亩、山林250亩，成立光明农场，统一运营，用于种植水稻、荸荠、小香薯等特色农产品，年底收入达22.5万元，光明农场让光明村集体赚得第一桶金。光明村干部尝到经营甜头后，拓展发展思路，引进运营商，盘活村中闲置房屋资源，发展住宿餐饮，引入山地竞技等体育项目，转向农文旅体融合发展方向。光明村迅速从之前名不见经传的乡村变成小有名气的"网红村"。运营商每年可以为光明村销售300万元以上的农产品，带来20万元的旅游收入。

　　（二）村级项目"变"公司运营，让公司化改革成为创收的动力

　　2019年7月18日，光明村挂牌成立杭州市首家村集体经济发展有限公司，经营范围从原来单一的农产品生产销售拓展到服务、设计施工、食品生产等6大类经营范围，拓展了村集体的增收途径。村公司根据实际情况制定了严格的经营管理制度和议事流程，通过党小组引领农场方向，结合实际制定健全公司内部管理制度，如《党小组决策制度》《用工管理制度》《物资采购制度》《财务管理制度》《物资出入库管理制度》《项目建设管理制度》等。

2019—2020年，公司节约项目招标代理费用近20万元，通过项目建设获得80万元收益，通过《用工管理制度》实行务工项目化，节约务工成本20%。

（三）村民变股民，让传统农民成为多重收入的职业农民

按照"村集体＋农户"模式，光明村共有223户714位村民以土地入股光明股份经济合作社，实现农村资源变资产、资金变股金、农民变股民。入股光明农场村级集体经济发展项目的农民，每年可从租金、佣金、股金三方面获得收入。除此之外，因文化和旅游产业的大力发展，村民还可通过电商营销、民宿经营、农产品销售等多种方式获得收入。

附　录

　　《中央财办等部门印发〈关于有力有序有效推广浙江"千万工程"经验的指导意见〉的通知》

　　《农业农村部办公厅关于深入学习浙江"千万工程"经验的通知》

　　《中共中央　国务院关于学习运用"千村示范、万村整治"工程经验有力有效推进乡村全面振兴的意见》

文件内容见二维码

图书在版编目（CIP）数据

读懂"千万工程" 推进乡村全面振兴 / 潘伟光，顾益康，沈希编著. —北京：中国农业出版社，2024.2
（2025.2重印）
ISBN 978-7-109-31864-9

Ⅰ.①读… Ⅱ.①潘… ②顾… ③沈… Ⅲ.①农村－社会主义建设－研究－中国 Ⅳ.①F320.3

中国国家版本馆CIP数据核字（2024）第066624号

出 版 人：刘天金
出版统筹：赵立山

———————————————————

中国农业出版社出版
地址：北京市朝阳区麦子店街18号楼
邮编：100125
策划编辑：刁乾超
责任编辑：任红伟 屈 娟
版式设计：李文革 责任校对：吴丽婷 责任印制：王 宏
印刷：北京通州皇家印刷厂
版次：2024年2月第1版
印次：2025年2月北京第3次印刷
发行：新华书店北京发行所
开本：720mm×960mm 1/16
印张：8
字数：110千字
定价：48.00元

———————————————————